나를
당당하고 품위있게
표현하기

First published as "Nicht auf den Mund gefallen!" by Poehm, Matthias
ⓒ 2000 by mvg Verlag a sister compony of verlag moderne industrie,
Munich, Germany.
All right reserved.

Korean translation copyright ⓒ 2002 by Kyungsungline Publishing
Korean edition is published by arrangement with mvg Verlag
through Eurobuk Agency

이 책의 저작권은 유로북 에이전시를 통한 mvg Verlag과의
독점계약으로 도서출판 경성라인에 있습니다.
작권법에 의해 한국 내에서 보호받는 저작물이므로
무단전재와 무단복제를 금합니다.

나를
당당하고 품위있게
표현하기

마티아스 펨 지음
박진배 옮김

경성라인

머리말

우리는 매일 여러 사람들과 만나 대화를 나누지만 마냥 모든 이들에게 친절할 수만은 없다. 더구나 신이 아닌 이상 언제나 웃는 얼굴을 하고 있을 수도 없다.

예를 들어, 개인적인 문제로 짜증이 날 수도 있고 직장생활에서 동료들과 트러블이 일어날 수도 있다. 이 세상에 아무런 문제가 없는 사람은 없다.

우리는 이외에도 예상치 못한 긴장된 상황에 당면하는 경우도 있다. 사적으로 중요한 상담 등을 할 때가 바로 그렇고 자신의 업무에 관련된 미팅에 출석하거나, 중요한 거래처 사람들과의 상담의 경우가 또한 그렇다.

이런 미팅이나 상담을 할 경우 절대 잊어서는 안 될 한 가지가 있다.

그것은 '당신이 먼저 이야기를 꺼낼 것.', 즉 당신이 먼저 목소리를 내는 것이다. 왜냐하면 그렇게 함으로써 당신이 '그곳(미팅)의 주도권'을 잡을 수 있기 때문이다. 당신이 먼저 이야기에 불을 붙이면 상대는 당연히 당신의 이야기에 대응하려고 한다.

만약 당신이 자신의 주장을 계속 밀어붙인다면 상대는 당신의 이야기에 대답하기에 바쁠 것이다. 물론 상대의 반론이 강력할 수도 있지만 상담의 전체적인 흐름이 '당신이 처음 꺼낸 한마디'에 따라 진행된다면 당신은 처음부터 끝까지 상대보다 우위에 설 수 있다.

다른 사람이 말할 때까지 기다려서는 안 된다.

"제일 먼저 무슨 말을 하는 것이 좋을까?", "어떤 이야기를 하는 것이 좋을까?" 등은 걱정할 필요가 없다. 단지 상대에게 질문을 던지면 된다.

당신이 뭔가 물으면 상대는 그에 대해 '대답해야지, 대답해야지……' 하고 생각하게 된다. 당연한 이치이다. 어떤 질문을 해야 할지는 별 문제가 되지 않는다. 예리한 질문이 아니라도 상관없다.

중요한 것은 당신이 먼저 상대에게 질문을 던지는 것이다. 그리고 자신의 페이스로 상황을 이끌어 가면 된다.

먼저 질문하면 우위에 서게 된다.

20세기 초, 독일에서 '케이페닉 사건'이라는 아주 희한한 사건이 있었다. 한 구둣방 주인이 군복을 입고 대령 행세를 하며 병사들과 시민들에게 명령을 내렸던 것이다. 당시 그의 신분을 의심한 사람은 아무도 없었다. 모두가 그의 명령에 복종했던 것이다.

인간이란 누군가로부터 어떤 임무가 주어지면 그것을 실행하려고 생각한다. 만약 당신이 단체 여행객 중 한 사람에게서

'사진 좀 찍어 주시겠어요?' 하는 부탁을 받는다면 당신은 바로 카메라를 건네받을 것이다. 그리고 그 단체 여행객을 향해 '여러분, 좀 더 안쪽으로 모여주세요.' 라든가, '앞에 계신 분은 앉아주세요.' 등의 주문을 할 것이다. 그들의 반응은 또 어떻겠는가? 단체의 어느 한 사람이라도 '싫어요.' 라고 하는가? 반발하는 사람이 있는가? 아니, 전혀 그렇지 않다. 관광객 전원이 당신의 지시를 따른다.

그렇다. 바로 당신이 지휘관이다. 명령을 내리는 입장이다. 그리고 관광객들은 명령을 따르는 사람들이 되는 것이다.

이런 '명령을 내리는 사람, 받는 사람'이란 패턴을 우리들의 일상 회화에서 어떻게 활용하면 좋을까?

그렇다. 상대에게 '무언가를 시키면 된다.' 이다. 구체적으로는 '~해줘.' 라고 말하거나 무언가 질문을 하면 된다. 질문은 상대에게 '이 질문에 대답하라.' 고 명령하는 것과 똑같다. 명령을 받은 상대는 그 임무에 충실하려고 한다. 이것만으로도 당신은 상대보다 유리한 위치에 설 수 있다. 입장의 우위(優位) 따위는 이런 경우 상관이 없다.

주도권을 쥐고 싶으면 명령, 질문을 하는 입장, 즉 '공격하는 측'이 되는 것이다. 당신이 어떤 질문을 던지든지 상대는 어떤 식으로든 대답을 하려고 노력한다. 다시 말해 상대를 곤란한 입장으로 몰아갈 수 있게 된다.

이 책에서는 상대를 제압할 만한 질문법을 많이 소개하고 있다. 그중에서 당신의 마음에 드는 전법이 있다면 생활 속에서 자주 활용해 보아라.

이제 반대 상황을 생각해 보자. '질문에 대답하기'는 말 그대로 '당하는 입장'이 되고 만다. 상대로부터 무언가 질문을 받거나 비난을 당하는 경우에 어떻게 대응하면 좋을까? 구체적인 예를 하나 들어보겠다.

나(필자)의 조카가 아르바이트를 시작했을 때의 일이다. 그녀는 카페에서 서빙을 하게 되었는데 아는 남성도 마침 그 카페에서 접시 닦는 아르바이트를 하게 되었다.

그런데 그 남자가 조카를 발견하고 슬금슬금 다가와 머리끝에서 발끝까지 훑어보고는, "이런 일을 할 때는 얼굴에 미소를 잃어서는 안 돼. 알았어?" 하며 지나갔다고 한다.

조카가 한마디 해주려고 했을 때는 이미 상대는 그 자리에 없었다.

그녀는 너무 황당했다. '제가 뭔데 그따위 소리를 해. 똑같은 아르바이트 주제에! 내가 왜 그런 소리를 들어? 건방진 자식, 용서할 수 없어!'

이런 경험은 누구나 있었을 것이다. 남에게 부당한 비난을 받거나 피가 거꾸로 솟아 냉정하게 대처할 수 없게 되는 경우다. '이렇게 말할걸.' 하고 생각하는 것은 그로부터 몇 시간이 지나 마음이 가라앉은 다음의 일이다.

이 책에는 이런 상황에 닥쳤을 때 바로 한 방 날려주는 날카로운 한마디가 담겨 있다. '상대의 뒤통수를 칠 만한 답변'을 몇 가지 머릿속에 새겨둔다면 상대로부터 언어폭력을 당해 황당할 때 머릿속이 멍해 아무 대응도 하지 못하는 경우란 없을 것이다. 즉시 멋지게 '카운터펀치'를 한 방 먹일 수 있게 될 것이다.

상대를 다운시킬 강렬한 대사 중에는 사람을 멍하게 만드는 비꼬기가 있다. 이것은 '역습 조크'이다. 구체적인 예를 들어 보겠다.

◆ 상대 - 당신은 포르노 비디오 따위는 보지 않지요?
● 당신 - 아니오, 저는 보는데 혹시 당신은 보지 않나요?

당신이 의외의 말을 하면 상대는 멋쩍어하게 된다. 인기 연예인들도 TV에서 이런 농담을 잘 이용하므로 참고하면 좋을 것이다.

순간적으로 이런 농담이 떠오르지 않는 사람들도 당연히 있다. 그런 사람들을 위해 이 책에서는 '누구나 쓸 수 있는 역습 조크'의 기본 패턴을 몇 가지 준비했다. 이 책을 읽는다면 말로 공격해 오는 상대의 코를 납작하게 해줄 말이 입에서 바로 튀어나오게 될 것이다.

이상과 같이 이 책에서는 상대의 말발에 지지 않기 위한 대응책을 여러 가지 소개해 두었다.

상대의 말에 화가 났을 경우 상대의 마음을 상하지 않게 하는 '부드러운 대응방법'도 있지만 항상 이런 식의 어정쩡한 반격만 한다면 상대의 수작은 끝나지 않는다. 때문에 상대의 정곡을 찌르는 따끔한 일침을 가해야 한다. 단, 당신이 이 책에 나오는 대사들을 '치사하다', '비겁하다'라고 느낀다면 그 전법을 쓰지 않으면 그만이다. 하지만 상대가 그런 전법을 사용하지 않는다는 보장도 없다. 그러므로 그런 전법이 있다는 것과 반론하는 방법을 알아두는 것은 중요하다. 만약 모르고 있다면 당신의 신경은 상대의 '거슬리는 말'에 의해 엉망이 되고 말 것이다. 그런 일이 없도록 여러 가지 전법에 충분히 익숙해지도록 한다.

누군가에게 기분 나쁜 말을 들었을 경우, 받아치는 말이 빠르면 빠를수록 상대를 역습하는 효과가 클 것이다. 빨리 받아칠 수 있으려면 '거슬리는 말 받아치기 트레이닝'을 충분히 해둔다. 트레이닝이라고는 하지만(적어도 처음에는) 친구나 가족을 상대로 게임 감각으로 하면 좋을 것이다.

트레이닝을 하면 할수록 당신의 두뇌 회전이 빨라져 당신의 입에서 여러 가지 말이 저절로 나오게 된다. 속을 뒤집는 말을 들으면 상대에게도 그만큼의 말을 퍼부어 '아이쿠' 소리가 나게 만든다. 속이 후련해질 것이다.

이 책은 5개의 장으로 나뉘어져 있다.

1장에서는 대화와 상담을 자신의 페이스로 끌어가는 방법을 설명하겠다.

2장부터 4장까지는 기분 나쁜 말을 들었을 때 단 한 방으로 되돌려주는 역습방법을 소개했다. 우선, 2장은 '어떤 상황에서도 쓸 수 있는 카운터펀치 특집'이다. 3장은 '유머러스하게 받아치는 말'을 여러 가지 준비했다. 상대의 말 공격을 가볍게 되치는 대사가 여러 가지 나온다. 상대방은 당신을 비난할 생각이었지만 당신으로부터 의외의 대답이 나오면 멋쩍어할 것이다.

4장에서는 예리한 질문이 쏟아질 때의 대응방법을 소개했다. 구체적으로 1장에서 나온 질문을 남에게 들었을 때 어떻게 대응하면 좋을지 그 방법을 설명했다.

마지막 장은 '이야기를 유리하게 끌고 가는 6가지 요령'이다. 이것을 실행한다면 당신은 누구한테도 지지 않을 것이다.

거의 대부분 항목의 마지막에 '응용 예'를 첨부해 두었으므로 실제 상황에서 참고하기 바란다. 또한 그것을 더욱 응용해 '자신만의 대응방법'을 생각해 두어라. 적용의 폭이 더 넓어질 것이다.

특별히 마음에 드는 방법이 있다면 그것을 집중적으로 연구할 필요가 있다. 설명을 읽고 응용의 예를 이해한 후, 그것을 자기 것으로 하기 위해 머리를 풀가동해 보아야 한다. 이런 트레이닝을 계속한다면 누군가로부터 갑작스런 비난을 받아도 틀림없이 차분하게 그 자리에서 역습이 가능해질 것이다.

CONTENTS

머리말 /4

1장.
먼저 질문하여 내 페이스로 가라

1. 몇 가지로 답하도록 만들어라 / 21
2. 양자택일을 권유하라 / 23
3. 유도 신문 / 28
4. 말의 의미를 물어라 / 32
5. 넘겨짚어라 / 34
6. 해설 먼저, 질문은 나중 / 41
7. 베이스를 깔고 질문한다 / 43
8. 칭찬하라 / 49
9. 별것 아닌 말을 질문으로 바꾸는 방법 / 53
10. 부탁하라 / 56
11. '만약 ~' 라고 질문하기 / 58

12. 여러 질문을 한꺼번에 하라 / 62
    질문을 무시당할 것 같은 경우의 대응책
13. 질문 전략 총정리 / 65

2장.
단 한 마디로 쓰러뜨릴 역습법

1. 포인트는 '마음가짐'이다 / 71
2. 뻔뻔해져라 / 74
3. '노'라고 말할 수 있는 당신 / 78
   실전 편
4. 그것은 당신의 생각이지 / 81
5. 착각이 당신의 결점이로군 / 84
6. 앞으로 달라지겠지 / 89
7. 중요한 것은 그게 아니다 / 91
8. 상대의 능력을 의심하라 / 94
9. 비난을 단칼에 부정하라 / 97
10. 역으로 되묻기 / 101
    어떻게 하면 좋을지 묻는다

상대의 생각을 묻는다
내용을 자세히 묻는다
같은 질문을 되묻는다
상대에 관한 질문으로 바꾼다
언제 어디서나 어울리는 되묻는 문구
11. 일부러 되묻고 그 사이 대답을 생각한다 / 114

3장.
유머가 넘치는 답변

1. 맞장구치기 오버하기 / 119

2. 덕분에……. / 126

3. 엉뚱한 대답을 하라 / 129

4. 황당하게 부풀려라 / 133

5. ~에 비하면 차라리 낫지 / 136

6. 당신하고 똑같네 / 141

7. 착각맨 진정시키기 / 147

8. 나야 괜찮지만 너는 곤란할걸? / 154

9. 일부러 오해한 척하라 / 158

4장.
예리한 질문을 되치는 필살법

1. 몇 가지로 답해 달라거나 부탁할 때 / 165
2. 양자택일을 권유할 때 / 167
3. 유도 신문을 할 때 / 168
4. 말의 의미를 물을 때 / 169
5. 넘겨짚을 때 / 171
6. 독단적으로 단정할 때 / 173
7. 한마디 던지고 대답을 기다릴 경우 / 176
8. '만약 ~'의 질문을 당했을 때 / 178
9. 동시에 여러 질문을 받았을 때 / 179
10. 답변을 얼버무릴 경우 / 181
11. 세세하게 답변을 하지 마라 / 186
12. 비난은 무시하고 사실만 확인하라 / 189
13. 답변 전략 총정리 / 192
    한마디로 상대를 쓰러뜨릴 역습법
    유머가 넘치는 되치기
    예리한 질문을 되치는 필살법
    당신이 좋아하는 5가지 대응 패턴

5장.
대화를 유리하게 진행시키는 6가지 요령

1. 당신이 아까 말했듯이……. / 203
2. 갑자기 생각난 것은 말하지 마라 / 206
3. '하지만' 은 금물이다 / 208
4. 대답이 끝나면 시선을 돌려라 / 212
5. 어조에 주의하라 / 214
6. 전화를 잘하는 비결 / 215

당부의 말 / 218

1장

먼저 질문하여
내 페이스로 가라

질문에는 상상하지도 못할 엄청난 힘이 숨겨져 있다. 질문을 하는 것만으로 상대를 '대답하지 않으면 안 되는 입장'으로 몰고 갈 수도 있고 상대로부터 여러 가지 이야기를 끌어낼 수도 있다. 이야기의 주도권을 잡을 수도 있고, 역으로 상대의 공격을 가볍게 되치기 할 수도 있다. 즉 '질문'은 최강의 무기인 것이다.

질문에는 왜 그런 힘이 있는 것인가? 그것은 누구나 어릴 적이나 학창시절을 통해 '무언가 질문을 받으면 반드시 대답한다.'는 습관이 붙어 있기 때문이다.

따라서 당신은 상대에게 질문을 하기만 하면 되는 것이다. 상대는 '무언가 물으면 대답을 하지 않으면 안 된다.'라고 생각하는 습성이 있기 때문에 대답을 하기 위해 필사적으로 머리를 쓰게 된다. 그 사이 당신은 상대의 대답을 기다리기만 하면 된다.

이렇게 해서 당신은 '공격 입장', 상대는 '방어 입장'이 되게 된다. 공격을 하는 것이 편한 것은 두말할 필요가 없다. '질문'이라는 무기를 사용한다면 당신의 입장은 이렇게 유리하게 된다. 그리고 안정되게 단계적으로 이야기를 진행시킬 수 있다. 그럼 어떤 식으로 질문을 하면 좋을까? 그것에 대해 지금부터 자세하게 설명하겠다.

질문에는 여러 가지 타입이 있고 두 가지 이상의 질문을 섞어 사용하는 '믹스 타입'도 있다. 본격적으로 사람을 자유자재로 조정하는 질문 공격방법을 살펴보기로 하자.

1
몇 가지로 답하도록 만들어라

예를 들어 상대에게 '당신 일이 재미있는 이유를 세 가지만 말해 주세요.'라고 물었다고 하자. 그러면 상대는 '묻는 말에 답을 해야지.'하고 생각한다. 즉, '자신의 일이 재미있는 이유'를 하나둘도 아닌 세 가지를 생각하려고 한다. 그것은 당신이 '세 가지만 말해 주세요.'라고 물었기 때문이다.

이렇게 해서 당신은 상대를 간단히 조종해 나가는 것이다. 답의 가지 수를 지정해서 질문을 하면 상대는 틀림없이 그 수에 맞게 대답을 할 것이다.

몇 가지 구체적인 예를 들어보겠다.

- 당신이 이 대회에 참가한 이유 두 가지를 말해 주세요.
- 당신의 단점 세 가지를 말해 주세요.
- 당신의 장점 두 가지를 말해 주세요.
- 이 책이 재미있다고 생각되는 이유 두 가지를 말해 주세요.
- 자신의 주장을 하나의 문장으로 정리하여 말해 주세요.

2

양자택일을 권유하라

한 호텔에서 있었던 이야기이다.

아침식사 시간에 삶은 계란을 먹는 손님이 적은 것을 알게 된 주방장이 웨이트리스들을 불러 모아 손님들에게 계란을 어떤 식으로 권하는지를 알아봤더니 대답은 다음과 같았다.

"계란을 드릴까요?" 하고 물었다는 것이다.

그래서 주방장은 그녀들에게 앞으로는 "계란을 하나 드릴까요, 두 개 드릴까요?"라고 물어 보도록 지시했다. 그리고 몇 주 후 계란의 소비량이 몇 배로 늘어났다. 묻는 방식을 바꾸는 것만으로도 매상을 늘릴 수 있게 되었다.

질문할 때 미리 두 개의 답안을 제시하라.

'계란을 하나 드릴까요, 두 개 드릴까요?' 라고 물으면 대부분의 사람들은 '하나' 또는 '둘' 이라고 대답한다. '필요 없어요.' 라고 말하는 사람은 거의 없을 것이다. 다시 말해 손님은 선택의 폭을 제한당해 그중에서 대답을 하지 않으면 안 되는 느낌을 받게 되는 것이다. 이렇게 해서 대부분의 손님은 적어도 하나의 계란을 먹게 되는 것이다.

당신이 남편(혹은 부인)과 함께 영화를 보러 가게 되면 실수로라도 '같이 영화 보러 안 갈래?' 라는 식의 질문을 해서는 안 된다. 갑자기 'A를 볼래? 아니면 B를 볼래?' 라고 물어야 한다. 그러면 함께 영화를 보러 갈 확률이 훨씬 높아진다. 상대는 그 순간 '영화를 보지 않는다는 선택권' 이 없는 것 같은 기분이 들기 때문이다.

물론 선택의 폭을 한정하여 질문을 해도 기대하는 대답을 100% 얻을 수 있다고는 장담할 수 없지만 통계에 의하면 이런 전략을 쓰는 것이 자신이 생각한 대로 상대를 움직이게 하는 것을 가능케 한다.

또 하나 다른 예를 들어보겠다.

가령 지금 자신이 좋아하는 사람으로부터 '다음에 언제 만날까?'라는 말을 듣고 싶다고 하자.

보통은 그냥 '다음에 언제 만나면 좋을까?'라고 묻는데 그렇게 물어서는 안 된다. 잘못하면 '조만간'이라는 대답을 듣기 십상이다. 연락이 끊기고 시간만 낭비하게 될 것이다. 그래서는 곤란하다.

그러니 당신은 예를 들어 다음과 같이 얘기하는 것이 좋겠다. 이거라면 좀 더 확실한 대답을 기대할 수 있을 것이다.

'다음번에는 다음 주 초가 좋을까요, 아니면 주말이 좋을까요?'

재미있는 통계가 있다.

당신이 백화점 직원이라고 가정하자.

색상이 다양한 상품이 있다. 손님이 어떤 것을 살지 망설일 때에는 '빨간색이 마음에 드시나요, 아니면 파란색이 마음에 드시나요?'라고 물으면 손님은 후자, 즉 이 경우에는 파란색을 선택하는 경향이 강하다. 따라서 당신이 팔고 싶은 상품, 자신이 있는 상품을 '나중에 말하는' 식으로 하면 된다.

그러나 상대가 절대로 자신의 덫에 걸려주지 않는 경우도 있다. 아무리 물어봐도 똑같은 대답만 하는 사람도 있고 질문의 내용에 전혀 관심이 없는 사람도 있다.

예를 들어 계란 알레르기가 있는 사람한테는 '계란을 하나 드릴까요, 두 개 드릴까요?' 라고 물어도 '필요 없어요.' 라는 답이 돌아오는 것은 당연할 것이고 또한 중요한 업무가 있는 날 부인이 'A 영화 볼래요? 아니면 B예요?' 라고 묻는다고 해서 남편이 영화관에 가지는 않을 것이다.

 이 작전을 이용한 구체적인 예를 몇 가지 들어보겠다.

〈당신이 하고 싶은 것〉 → 〈실제로는 이렇게 질문한다〉

● 상대와 함께 뮤지컬을 보고 싶다.
→ 〈캣츠〉, 〈오페라의 유령〉 중 어떤 티켓을 살까요?

● 상대가 승진을 노리고 있는지를 알고 싶다.
→ 당신은 총무과의 과장이 좋은가요, 영업과 과장이 좋은

가요?

● 자동차 영업사원으로 차를 팔고 싶다.
→ 이 차를 댁까지 운반할까요, 직접 운전하고 가시겠습니까?

● 상대에게 애인이 있는지 묻고 싶다.
→ 당신의 애인은 도시에 사나요, 교외에 사나요?

● 상대가 비행기의 어떤 클래스를 예약했는지 묻고 싶다.
→ 예약하신 좌석이 비즈니스석인가요, 이코노믹석인가요?

❸ 유도 신문

당신이 직장 동료에게 이렇게 말했다고 하자.

"로버트 씨, 생일 선물로 무엇을 했으면 좋을까요?"

이 질문에 "글쎄요, 안 해도 될 거예요."라고 대답하는 데는 꽤 용기가 필요할 것이다. 이것이 유도 신문이다. 상대로부터 듣고자 하는 답을 미리 질문 속에 포함시키는 것이다.

또는 이렇게 말을 건다면 어떨까?

"로버트 씨 생일이 이번 주인데 직장 동료인 우리가 선물을 할 필요까지는 없겠죠?"

내용상 앞의 것과 정반대이지만 이 경우에도 "아니오, 선물을 하는 게 좋다고 생각해요."라고 대답하는 데는 꽤 용기가 필요하다.

이런 질문을 받은 상대가 대답에 고민을 하는 모습은 미안하지만 보고만 있어도 재미있다. 당신은 질문의 내용에 따라 바로 '내 생각과 다르지 않죠?'라고 무의식중에 압력을 가하는 것이다. 상대는 질문한 사람의 말대로 하지 않으면 안 될 것 같은 마음이 생겨 자신의 의견을 말하기 힘들어진다.

앞서 설명한 것과 같이 유도 신문에는 두 가지 타입이 있다. "당신도 ~라고 생각하죠?"라고 묻는 것과, 역으로 "당신도 ~라고 생각하지 않죠?"라고 묻는 것이다.

구체적인 예를 들어보겠다.

- 당신도 교통위반자는 엄벌에 처해야 한다고 생각하죠?
- 매일 방 청소를 해야 한다니, 당신도 그렇게 생각하지는 않죠?

질문 속에 '반드시', '설마', '아마도'라는 말을 넣으면 더욱 강조될 것이다.

- 당신도 교통위반자는 반드시 엄벌에 처해야 한다고 생각

하시죠?
- (남편에게) 설마 당신 부모님을 저녁식사에 초대해야 한다고 말할 생각은 아니죠?
- 흡연자를 동정해야 한다니, 설마 당신은 그렇게 생각하지는 않겠죠?

유도 신문을 할 때는 손과 몸동작을 더하면 보다 강렬한 '권유의 말'이 된다. 예를 들어 고개를 끄덕거린다. 당신이 "지금 저와 함께 갈 거죠?"라고 질문하면서 고개를 끄덕거리면 상대는 그 동작에 의해 자신도 모르게 "네, 물론!"이라고 말하고 싶어진다. 통계상으로도 질문자가 손과 몸동작을 하는 것이 유도 효과가 크다는 결과가 나와 있다.

 이 질문 패턴의 구체적인 예를 몇 가지 들어보겠다.

〈 당신의 의견 〉 → 〈 유도 신문 〉

- 남의 이야기는 귀담아 들어야 한다.

→ 당신은 남의 말을 귀담아 들어야 한다고 생각하지 않나요?

● 원고는 정해진 날까지 완성해야 한다.
→ 당신은 원고를 정해진 날까지 완성해야 한다고 생각하지 않나요?

● 개는 줄에 묶어 둬야 한다.
→ 당신은 개를 줄에 묶어 둬야 한다고 생각하지 않나요?

역으로 이렇게 말해도 좋다.
→ 개를 풀어놓아도 된다니, 설마 당신도 그렇게 생각하지는 않겠죠?

4
말의 의미를 물어라

당신이 영업과장이고 한 회의에 출석했다고 하자.

당신은 아까부터 줄곧 부장의 지겹고도 긴 설명을 멍하니 듣고 있다. 그때 갑자기 부장이 당신을 향해 이렇게 말했다고 가정하자.

"영업과장! 자넨 '이윤의 극대화'란 어떤 의미라고 생각하나?"

이런 식으로 갑자기 질문을 당하면 누구라도 당황해서 무엇을 말하면 좋을지 몰라 멍하니 있게 된다. 머릿속은 백지상태가 되어버린다.

이런 상황을 일상회화에서 활용하자는 것이 이번 테마이다.

구체적으로는 상대에게 말의 의미(정의)를 묻는 것이다.

예를 들어보겠다.

- 뉴스에서 자주 '태풍이 무슨 섬 앞바다 몇 킬로 지점에서 발생했습니다.'라고 하는데 육지에서 거리가 얼마나 된다는 거지?
- i모드의 '모드'는 대체 무슨 뜻이야?

이런 질문을 당한 순간 대부분의 사람은 예를 들어 '모드'의 의미를 설명하려고 횡설수설하게 된다. 그렇게 되면(표현이 거칠지만) 숨통을 조이는 것이다. 상황은 당신의 것이다.

상대가 대답을 할 때까지 당신은 무언가 다른 것을 천천히 생각하면 된다. '앞으로 이야기를 어떤 방향으로 끌고 나갈까?'도 좋고, '오늘 저녁은 무엇을 먹지?' 따위를 생각해도 좋다. 진땀을 빼고 있는 상대 앞에서 당신은 여유가 생길 것이다.

5
넘겨짚어라

 내(필자)가 잘 아는 사람 중에 커뮤니케이션 트레이너를 하고 있는 남성이 있다. 여기서는 토마스라고 하자.
 토마스는 얼마 전 내가 개최한 대인관계 세미나의 팸플릿을 손에 넣으려고 했지만 어쩐 일인지 그는 직접 나에게 전화를 할 용기가 나지 않았던 모양이다.
 어느 날 한 여성이 전화로 팸플릿을 팩스로 보내 달라는 부탁을 했다. 그런데 팩스를 보내려 하자 '저는 토마스입니다.'라는 응답기의 목소리가 들려 왔다. 나는 놀란 한편 화가 나서 바로 송신을 중지시켰다.
 그로부터 며칠 후 이번에는 컨설턴트라는 이름의 모르는 남자가 전화를 해서 팸플릿을 요청했다. 나는 순간적으로 또 토마스라고 생각했다.

그래서 나는 그 남성에게('토마스를 알고 계시나요?'라고 묻지 않고) 이렇게 물었다.

"토마스를 안 지 몇 년 됐습니까?"

나는 상대가 토마스를 알고 있다고 마음대로 넘겨짚고 이런 질문을 던졌던 것이다. 바로 대답을 들을 수 있었다.

"3년 정도요."

나는 이때 마음대로 상상과 추측을 질문 속에 내포시켰다. 무엇 하나도 정확하게 알지 못하지만 정말 잘 알고 있다는 듯이 상대에게 질문을 해본 것이다. 그러자 상대는 보기 좋게 걸려들었다. 상대는 자신이 토마스와 아는 사이라는 것을 내가 알고 있다고 착각하게 된 것이다.

추측과 상상을 내포한 질문을 할 경우 그 추측과 상상은 '좋은 것'이든 '좋지 않은 것'이든 상관없다. '좋은 것'을 내포한 경우에는 상대를 추켜세우는 것이 된다.

예를 들어 이렇다.

"당신은 어떻게 일을 그렇게 즐겁게 하나요?"

그러면 상대는(실제로 어떤지는 모르지만) "나는 일이 재미있습니다."라고 착각하게 돼 그에 상응되는 대답을 하게 된다. 그일을 싫어하는 경우라도 확실하게 '싫다.'라고 말하기 힘들어진다.

역으로 상대를 비난하는 듯한 추측, 상상을 내포한 질문을 하면, 상대는 너무 '수비적 태세'를 취하게 된다.

예를 들어 회사 동료로부터 "자넨 늘 일요일만 되면 마누라는 나 몰라라 하고 골프를 치러 가나?" 하고 물었다고 하자.

이 질문은 "이번 일요일에 마누라는 나 몰라라 하고 골프치러 가나?"라는 질문과는 하늘과 땅 차이이다. 왜냐하면 문제의 초점은 '늘 나 몰라라 하고 있는가?' 인지 어떤지에 있고 (나 몰라라 하는 것이 단점이라는 전제이다.), 질문을 당한 측으로 하여금 '늘' 인지에 대한 대답을 하도록 종용하고 있는 것이다.

세계 각국의 세관직원들은 '넘겨짚는 질문'을 하도록 트레이닝을 받고 있는 곳이 많다. 나라에 따라 차이는 있지만 세관직원이 여행객에게 "신고할 물건이 있습니까?"라고 묻는 경우는 거의 없고 대부분의 나라에서는 이렇게 질문을 한다.

"신고할 물건이 무엇이죠?"

다시 말해 신고해야 할 물건을 무언가 가지고 있다는 전제를 두는 것이다. 이렇게 질문하면 신고할 물건을 가지고 있는 사람은 "그런 물건 없는데요."라고 거짓말을 하기 힘들어진다.

이렇게 각국의 세관은 "신고할 물건이 무엇이죠?"라고 질문하는 것만으로도 수입을 늘릴 수 있게 된다.

이와 같은 질문 패턴의 구체적 예를 몇 가지 들어보겠다.

〈보통 질문〉 → 〈넘겨짚는 질문〉

- 생활에서 뭔가 바꾸고 싶은 점이 있나요?
→ 생활에서 어떤 점을 바꾸고 싶나요?
→ 왜 생활을 바꾸고 싶죠?
→ 언제부터 생활을 바꾸고 싶다고 생각했죠?

- 당신은 왕따인가요?
→ 어쩌다 왕따가 되었죠?
→ 당신이 왕따를 당하는 최대의 이유는 무엇인가요?

→ 언제부터 왕따를 당한다는 것을 알게 되었죠?

이렇게 추측, 상상을 내포한 질문을 할 때는 '왜', '언제', '무엇을', '어느 정도'라는 말을 넣으면 좋다.
좀 더 구체적인 예를 들어보겠다.

〈보통 질문〉→〈넘겨짚는 질문〉

● 요리하는 게 재미있나요?
→ "요리할 때 제일 재미있는 게 뭐죠?"

● 당신은 애인이 있나요?
→ 당신 애인은 어떤 사람인가요?

● 자넨 여자들에게 인기가 있나?
→ 자넨 어째서 여자들에게 인기가 많지?

이 질문 패턴의 구체적인 예를 몇 가지 소개하겠다.

〈추측〉→〈질문 예〉

● 그의 일은 순조롭다.
→ 당신의 일이 순조로운 이유는 무엇인가요?

● 그녀는 친구가 하나도 없다.
→ 아주 친한 친구가 있나요?

● 그는 지금의 자리에 어울리는 능력을 가졌다.
→ 이만한 실력을 어디서 닦았죠?

● 그는 직장 동료들에게는 방해만 되는 존재이다.
→ "동료들을 방해 하는 이유가 무엇인가요?"

● 그는 빚이 많다.
→ 빚을 어떻게 갚을 생각이죠?

● 그녀는 인기가 많다.
→ 어떻게 그렇게 인기가 많죠?

이상의 '넘겨짚는 질문'에다가 앞에서 서술한 '몇 가지로 답하도록 만드는 질문'을 합친다면 상대는 당신의 책략에 그대로 걸려들어 당신의 기대대로 대답을 해주게 된다.

예를 들어 "경주에 가고 싶은가요?"라고 묻지 말고 "당신이 경주에 가고 싶은 이유를 세 가지만 말해 주세요."라고 질문해 보는 것이다. 상대는 당신의 생각대로 세 가지 이유를 말할 것이다.

다른 예를 들어보면 "그 책은 재미있나요?"라고 묻지 말고 "그 책이 재미있는 이유를 두 가지만 말해 주세요."라고 질문을 하는 것이다. 당신이 미리 몇 가지로 대답해 달라고 하면 상대는 꼭 그만큼의 대답을 할 것이다.

6

해설 먼저, 질문은 나중

　당신의 주변에 다음과 같은 사람은 없는가? 상대에게 질문을 해놓고도 계속해서 이야기를 하고는 결국 상대와는 반대 의견을 제시하는 사람 말이다. 그런 사람은 예를 들어 이렇게 이야기를 한다.
　"당신은 왜 원자력 발전소 건설을 찬성합니까?(긴 설명을 하고)······. 원자력 발전소가 위험하다는 것은 이미 증명된 사실이에요."
　상대는 긴 설명을 듣고 겨우 질문에 답하게 되므로 짜증이 날 것이다. 설명하는 동안 '이 사람 얘기가 언제나 끝나려나?' 하고 조바심을 낼 것이다.

하지만 말의 순서를 뒤바꾸기만 하면 효과가 만점인 질문으로 바뀐다.

구체적으로 이렇다. 우선 "원자력 발전소가 위험한 것은 증명된 사실입니다."라고 말한 다음 "당신은 왜 원자력 발전소 건설에 찬성을 합니까?" 하고 진행시킨다면 괜찮을 것이다.

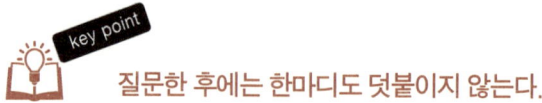
질문한 후에는 한마디도 덧붙이지 않는다.

'어째서 ~입니까?' 라고 질문한 뒤에는 입을 다물라는 것이다. 이러는 것이 효과가 확실하다. 상대가 어떻게 대답하는지에 관심이 있다는 듯한 인상을 줄 수도 있고 또한 상대가 더 잘 알고 있다고 생각하게 할 수도 있기 때문이다.

7
베이스를 깔고 질문한다

 이것도 '해설 먼저, 질문은 나중'과 같은 맥락이다. 맨 첫 마디로 이야기를 자신이 원하는 방향으로 강력하게 이끈 다음, 상대가 말을 하기 전에 질문을 던지는 것이다. 이렇게 되면 성공이다. 상대는 당신이 던진 질문에 귀를 기울이게 된다. 즉, 상대는 당신이 단정적으로 첫 마디를 말하는 동안 입을 다물고 있었기 때문에 그 첫 마디를 인정하는 것이 된다.

 다시 말하면 당신은 맨 첫 마디로 '한 편의 시나리오'를 완성해 버리는 것이고, 상대는 그 시나리오에 따라 대답을 찾게 된다.

 구체적인 예를 하나 들어보겠다.

'양복을 입고 넥타이를 매는 것이 어째서 우리 회사에서는 그렇게 중요할까?' 라는 의문을 품었다고 하자. 하지만 이대로 물어서는 박력이 부족하다. 그래서 질문 앞에 한마디 '단정적인 발언' 을 하는 것이다.

예를 들어 '우리 회사 대부분의 남자 사원들이 양복에 넥타이 차림입니다. 어째서 양복과 넥타이가 중요한가요?' 라는 식이다.

이 대사의 전반부 '우리 회사 대부분의 남자 사원들이 양복에 넥타이 차림입니다.' 가 시나리오이다. 이 부분을 듣기만 해도 반론하는 사람이 거의 없다. 때문에 상대는 그다음 질문에 대해 무언가 답변을 하지 않으면 안 되는 상황으로 몰리게 된다.

> **key point**
> 미리 '단정적인 발언' 을 베이스로 깔아두면 상대는 그에 따라 답변을 해준다.

또는 역시나리오를 만들어 보는 것도 좋을 것이다.

예를 들어 '요즘은 넥타이를 하지 않는 중역들도 늘어났습니다. 그런데 어째서 넥타이 차림을 그토록 중요시하나요?'라고…….

여기까지의 이야기뿐이라면 단순히 '질문의 한 타입'에 지나지 않지만 천만에 말씀, 이런 형태의 질문이 당신 생활에 매우 도움이 된다.

예를 들어 당신이 비디오 플레이어를 사기 위해 매장에 들렀다고 하자. 물론 같은 형태의 플레이어라면 가능한 싸게 사고 싶을 것이다. 그럴 경우에야말로 '우선 베이스를 깔고 질문을 하면 좋다.'이다.

우선 시나리오다. '다른 매장에서는 10% 싸게 준다던데.'라고 한 방 먹인 후 바로 다음 질문을 퍼붓는다.

"이 매장에서는 어느 정도 싸게 줄 수 있나요?"

이런 깎기 공략은 직원의 정곡을 찌르게 된다. 미리 '단정적인 발언'을 하는 것이 중요하다.

'단정적인 발언+질문'이라는 형태는 무언가를 팔 때 아주 뛰어난 효과를 발휘한다. 스위스의 한 제과점을 소개해 보겠다. 매상을 몇 배로 늘린 곳이다.

그곳의 직원은 손님에게 이렇게 말을 건다. '초콜릿 5개들이 팩으로 팔고 있습니다!', 그리고 바로 이렇게 묻는 것이다. '몇 팩 드릴까요?' 이때 '초콜릿 필요 없습니까?' 라고 묻는다면 절대로 안 된다. 손님이 산다는 것을 전제로 생각하는 것이다. 그러고 나서 '사려는 개수가 몇 팩이죠?' 라고 묻는다. 그렇기 때문에 매상이 몇 배나 뛸 수 있었던 것이다.

비슷한 문구로는 '주문은 10개 단위로 부탁드립니다.', '5개 이상 판매하고 있습니다.' 라는 식도 있으므로 상황에 따라 여러 가지로 변화를 주어본다. 매상이 틀림없이 늘 것이다.

베이스를 까는 발언을 한 다음에 '넘겨짚는 질문'을 하는 것도 아주 강렬하다.

예를 들어 이렇다.

'당신의 경우 지금까지 인생에 있어서 중대한 사건이 전혀 일어나지 않았습니다. 그 점에 대해 당신은 어떻게 생각합니까?' 즉, 제일 처음 한마디에 '사실이 아닌 추측과 상상'을 가미해 버리는 것이다. 만약 상대가 '중대한 사건이 전혀 일어나지 않았다.' 라는 것에 아무런 반론을 제시하지 않으면 그다음 질문에 대해 솔직히 자신의 생각을 털어놓을 것이다.

이처럼 '단정적인 발언+질문'은 여러 가지 패턴을 만드는 것이 가능하다.

몇 가지 예를 들어보겠으니 참고해 주기 바란다.

〈 칭찬 + 질문 〉

- 당신은 지금 아주 잘 나가는군요. 성공의 비결이 무엇인가요?
- 당신은 성공하셨네요. 그런 당신의 결점은 무엇인가요?

〈 비난 + 질문 〉

- 아무래도 당신은 사람을 볼 줄 모르는 것 같군요. 그런 결점을 어떻게 보완하고 있나요?
- 그런 걸 물어보다니, 당신은 이 분야에 대해 전혀 모르는군요. 대체 당신의 전공은 무엇인가요?

이 "비난+질문"의 패턴을 들으면 상대는 허둥지둥 댈 것이다. 그야말로 공포의 대사이다. 당신이 먼저 상대를 비난하고 더욱 압박하여 '비난을 하는 것과 마찬가지인 질문'을 퍼붓고 있기 때문이다.

8

칭찬하라

예를 들어 이런 광경을 떠올려 보자.

당신은 우연히 현관 앞에서 얼굴을 마주친 이웃사람에게 이렇게 물었다.

"당신은 차에 대해 잘 아시는 것 같군요. 실은 제가 이번에 차를 사려고 하는데 ○○ 사의 차에 대해 어떻게 생각하시나요?"

이웃사람은 확실하게 무언가 의견을 말할 것이다. 하지만 잘 생각해 보면 어째서 이웃사람이 당신의 질문에 대답해 준 것인가? 그것은 물론 '차에 대해 잘 안다.'라고 칭찬했기 때문이다.

이웃사람이 실제로는 차에 대해 잘 알지 못해도(전혀 무지하다 해도) 그런 것은 상관없다. 누구나 칭찬을 받으면 하늘로 날아오르는 기분이 되는 것이다.

상대를 칭찬해서 이것저것 말하게 한다.

'○○ 사의 차에 대해 당신은 어떻게 생각합니까?' 라고 묻기만 하면 단순한 질문이 되지만 그 앞에 한마디가 중요하다.

당신은 이웃사람을 칭찬하여 전문가를 대하듯 했지만 이것이 앞서 말한 '시나리오' 인 것이다.

이렇게 해서 이웃사람은 완전히 자동차 전문가가 된 듯한 착각에 빠지게 된다.

사람은 누구나 '자신의 이상상(理想像)', 즉 '그렇게 되고 싶은 모습' 을 가슴에 품고 있다.

당신이 만약 상대를 기쁘게 하는 데 성공하면 앞으로도 그 사람을 당신 마음대로 움직일 수 있게 된다. 시험 삼아 친척이나 친구 등 아는 사람을 칭찬해 보자. 상대는 이런 것을 느끼지 못한다.

예를 들어 마음속으로 '혹시 일부러 저런 말을 하는 게 아닌가?' 라고 생각할지라도 당신에게 절대로 저항할 수가 없다. 미소를 짓는 정도가 고작이다.

실제로 남에게 이런 소리를 들으면 누구나 기분이 좋을 것이다.

- 당신의 의견은 언제나 적절합니다.
- 당신이 출석해 주신 것만으로도 회의 전체의 분위기가 살아납니다.

상대를 칭찬해 주면 그 뒤로 만남이 더욱 원만해질 것이고 상대는 당신에게 허심탄회하게 이야기를 해줄 것이며, 당신을 더욱 높이 사고 신경을 써주게 될 것이다.

 이 질문 패턴의 구체적인 예를 몇 가지 들어보겠다.
질문 앞에 기뻐할 만한 발언을 한다는 것에 주목하라

〈 당신의 희망 〉 → 〈 칭찬의 질문 〉

● 남자친구에게 스카프 선물을 받고 싶다.
→ 당신 신발이 멋지네요. 취향이 좋네요. 그래서 부탁하는 데 내 스카프를 함께 골라 주지 않을래요?

● 세탁기가 고장이 나 옆집 세탁기를 빌려 쓰고 싶을 때.
→ 어제 댁의 따님을 보았는데 이 동네에서 제일 미인이더 군요. 부럽네요. 한데 저희 세탁기가 고장이 났어요. 혹시 빌려 쓸 수 있을까요?

● 이번 모금에 어느 정도 기부를 할지 상대에게 듣고 싶을 때.
→ 당신은 정말 협조적인 분이시네요. 이번 모금에 어느 정도 기부할 생각이시죠?

● 인터뷰를 하고 싶을 때.
→ 바쁘신 분인 것은 잘 알고 있습니다만 저와 인터뷰를 해 주시지 않겠어요?

9
별것 아닌 말을 질문으로 바꾸는 방법

이것은 매우 간단하다. 확실하게 질문을 하지 않고 무언가 한마디 던지기만 하면 된다. 그리고 상대의 눈을 '대답을 기다리듯' 바라보기만 하면 된다.

한마디 하고 상대를 바라보기만 하면 실제로는 상대에게 질문을 하고 있는 것이 된다.

예를 들어 "결혼한 지 4년째죠?"라고 했다고 하자. 별거 아닌 말이다. 하지만 이런 경우에 상대는 보통 '지금 자신의 결혼생활이 어떤가?'를 생각하게 된다. 그리고 사람에 따라서는 자신도 모르게 자신의 결혼생활에 대해 이것저것 이야기하게 된다. 이렇게 상대의 이야기를 잘 끌어내는 것이 가능해진다면 당신은 많은 정보를 간단히 얻을 수 있는 것이다.

 **무언가 한마디 던지고 상대의 눈을 바라본다.**

이 경우 처음 한마디는 '넘겨짚는 대사' 라도 상관없다. 상대를 칭찬해도 좋고, 비난해도 좋다.

예를 들어 "당신 동료는 정말 유능하군요." 하고 말한 경우 당신은 '상대의 동료가 정말로 유능한지 어떤지' 는 전혀 몰라도 상관은 없다. 마음대로 추측해서 상대로부터 유도하는 것이다. '치사한 방법' 이라고 생각할지 모르지만 효과는 만점이다. 상대가 이것저것 말해 줄 가능성이 높다.

 이 패턴의 구체적인 예를 몇 가지 들어보겠다.

- 어느 정도 나이가 들면 체력이 떨어지지만 스스로 깨닫는 사람은 별로 없죠.

- 당신은 젊은 시절을 힘들게 보내셨군요.
- 일이 즐거운 것 같군요.
- 당신은 엔지니어죠. 재미있는 일이네요.
- 당신은 엔지니어죠. 따분한 일이네요.
- 그 극장에서 연출을 하면 그다음에는 절대로 성공할 수 없다는 징크스가 있죠.
- 당신은 우표 수집가죠. 흔한 취미네요.

10

부탁하라

이것도 상대를 마음대로 조정하는 방법이다.

구체적으로는 상대를 향해 '~해줘(주세요).' 라고만 하면 된다. 간단하다.

게다가 상대에게 부탁하는 것이 특별히 힘든 것이 아니더라도 상관은 없다. 말하자면 아무거나 괜찮다. '~해 주세요.' 라고 부탁받은 사람은 당신의 그 한마디로 '명령을 받는 입장' 이 되는 것이다. 마음 한구석에 압박감을 느껴 '그 부탁을 실행하지 않으면 안 돼!' 라고 생각하게 된다.

예를 들어 회의에 출석하는 경우에는 누군가를 향해 '거기 창문 좀 열어주시겠어요.' 라고 부탁해 본다. 또는 '오른쪽의 빈자리로 옮겨 주시겠어요.'라고 말해 본다. 평범한 사람이라면 아마 가볍게 따라주겠지만 그로 인해 자연스럽게 당신의 입장은 상대보다 우위에 서게 된다. 부탁할 때는 정중하게 말하지만 실제로는 '요구한 것'이 되기 때문이다.

 이 질문 패턴의 구체적인 예를 들어보았다.

- 미안하지만 의자를 좀 옆으로 밀어주지 않겠습니까?
- 이 선 앞에 서 주십시오.

이런 간단한 부탁을 하는 것만으로도 심리적으로는 당신이 상대보다 우위에 서는 것이 가능하다. 열등감을 가지고 싶지 않다면 상대를 향해 간단한 일을 부탁해 보아라. 의외로 효과가 있다.

11
'만약~' 라고 질문하기

한 신문기자가 정치가에게 이렇게 질문한 적이 있다.

"만약 당신이 소속된 정당이 앞으로 2년 이내에 정권을 쥐었다고 가정합시다. 당신은 어떤 장관이 적당하다고 생각합니까?"

만약 그 정치가가 명청한 사람이라면 다음 날 신문에 대문짝만하게 실릴 것이다.

'○○○ 의원, 신(新)정권에서 총리를 열망!'

질문 자체가 '만약 ~'이므로 실제로는 아직 그런 상황이 되지 않았다.

따라서 그런 질문에는 전혀 대답할 필요가 없지만 '만약

~' 의 질문을 하여 상대가 부주의하게 무언가 대답을 했다면 당신은 그 사람의 본심을 알 수 있다. 아무도 모르는 그 사람의 속내를 알 수 있게 된다.

특히 매스컴의 관계자(기자 등)는 이런 식의 질문을 던져 중요 인물로부터 의외의 발언을 끌어내는 경우도 있다. 말하자면 함정이 있는 질문이다.

내가 아는 한 가장 중대한 '만약 ~' 의 질문은 1993년에 미국에서 있었다.

게리라는 인물의 부모가 살해되었을 때의 일이다. 경찰은 게리를 범인으로 몰아세웠다.

게리는 시종일관 무죄를 주장했지만 심문 중에 이런 질문을 받았다.

"만약 당신이 범인이라면 어떻게 살해했을까요?"

게리는 처음에는 대답을 꺼렸지만 한참 후 이렇게 말했다.

"살해방법은 잘 모르지만 만약 내가 범인이라면 아마 그땐 제정신이 아니었을 겁니다."

검사 측은 이 발언을 자백으로 해석했고, 재판에서 배심원들은 게리에게 사형을 선고했다. 그런데 3년이 지난 1996년 진범이 체포되었다. 다행히 그때까지 게리의 형이 집행되지 않았다.

 이 질문 패턴의 구체적인 예를 들어보았다.
당신이 '한 여성에 대한 소문'을 접했다는 설정이다. 그 여자에게 직접 '만약~의 질문'을 던져보자.

〈 그녀에 대한 소문 〉→〈 '만약 ~' 의 질문 〉

● 그녀는 직장동료 두 사람 중 한 사람에게 관심이 있는 것 같다.
→ 당신 동료 두 사람이 물에 빠졌다고 합시다. 만약 한 사람밖에 구할 수가 없다면 누구를 구하겠습니까?

● 그녀는 좀 더 일찍 태어났으면 좋았을 걸 하고 말했다고 한다.
→ 만약 과거에서 다시 태어난다면 당신은 몇 세기가 좋습니까?

● 그녀는 한 남성과 함께 섬에서 살고 싶다고 한 것 같다.
→ 만약 당신이 한 사람의 남성을 섬에 데리고 간다면 누구를 선택하겠습니까?

● 그녀는 주소와 다른 곳에서 살고 있는 것 같다.
→ 만약 이사를 한다면 어디가 좋겠습니까?

● 큰 사고로 그녀는 생명을 잃을 뻔했던 것 같다.
→ 만약 구조대가 빨리 도착하지 않았다면 어떻게 되었을 것 같아요?

12

여러 질문을 한꺼번에 하라

한 라디오 방송의 일이다.

퀴즈로 여행 상품에 당첨된 리스나에게 DJ가 이렇게 질문을 했다.

"여행은 누구와 함께 가십니까?, 왜 그 사람입니까?, 어떤 여행이 되기를 바라시죠?"

이렇게 해서 리스나는 동시에 세 개의 질문에 답하지 않으면 안 되게 되었다. 왜냐하면 세 개의 질문을 연속적으로 받았기 때문이다.

이처럼 두 개 이상의 질문을 한꺼번에 받으면 제아무리 말수가 적은 사람이라도 말을 많이 할 수밖에 없다. 그리고 질문자는 상대에 대해 매우 많은 정보를 얻을 수 있게 된다.

또한 회의를 하는 중이라면 다수의 질문을 상대에게 던짐으로써 역으로 자신은 '앞으로 이야기를 어떻게 전개하면 좋을까?' 등을 생각할 수 있게 된다. 시간적으로 여유가 생기면 심리적으로 여유가 생기는 것이다.

나(필자)는 세미나를 시작할 때 참가자들이 긴장하고 있는 것 같으면 가능한 한 편안하게 하기 위해 다음과 같이 말한다.

"여러분, 옆 사람에게 자기소개를 해주십시오. 그리고 이 세미나에 대해 어디에서 들었는지, 최근 능력을 발휘한 때는 언제였는지, 끝으로 이 세미나에서 무엇을 기대하고 있는지 이야기해 주십시오."

이처럼 동시에 몇 가지를 이야기해 두면 전원이 대략 10분 정도 옆 사람과 이야기를 나누게 된다.

질문을 무시당할 것 같은 경우의 대응책

상대가 이야기에 능숙한 경우에는 당신이 무언가 질문을 했어도 어느새 테마가 다른 방향으로 흐를 것 같은 경우가 있다. 그럴 때 당신이 할 수 있는 방법은 딱 한 가지, '자신의 질문에 끝까지 충실할 것.'이다. 질길 정도로 몇 번이고 물고 늘어져 상대가 두 손을 들 때까지 끈질기게 밀고 나가는 것이다.

구체적으로 이렇게 말하면 좋을 것이다.

- 질문의 내용과 당신의 이야기가 아무래도 관계가 없는 것 같네요. 내가 질문한 것은…….
- 가만 보니까 내 질문을 정확히 이해를 못 한 것 아닌가요? 내가 질문한 것은…….
- 지금 대답한 것이 내 질문과 관련이 있나요?

13

질문 전략 총정리

　대화를 하는 데 있어서 주도권을 잡고 상대에게 질문공세를 하는 전략을 앞에서 몇 가지 설명했다. 마음에 드는 전략이 있다면 실제로 회화에서 사용해 보도록 하자. 처음에는 잘 안 될지도 모르지만 익숙해진다면 많은 도움이 될 것이다.

　단 한꺼번에 많은 방법을 마스터하려고 생각해서는 안 된다. 틀림없이 많은 질문방법을 숙지해 두면 강력한 파워를 얻을 수 있지만 우선은 두세 가지 정도에 익숙해지는 것을 목표로 해서 확실하게 실력을 쌓는 것이 현명하다.

　여기서는 총정리로 질문방법을 리스트로 정리했다. 신경이 쓰이거나 마음에 드는 방법에 표시를 해두자.

- 다른 사람이 말할 때까지 기다리지 마라. 내가 먼저 문을 연다.
- 질문을 하면 우위에 설 수 있다.
- 몇 가지로 대답하도록 만들어라.
- 양자택일을 권유하라.
- 유도 신문을 하라. 예를 들어 '당신도 ~라고 생각하죠?' 라고 묻는다면 상대는 자유롭게 의견을 말하기가 힘들어진다.
- 말의 의미를 물어라. 예를 들어 '속인다.' 라는 것이 무슨 의미입니까?" 하는 식으로 물어본다.
- 마음대로 추측, 상상해 질문을 해본다. 질문 속에 '왜', '언제', '무엇을', '얼마나' 라는 말을 넣으면 질문 문장을 만들기가 쉽다.
- 먼저 베이스를 깔고 나서 질문을 하라.
- 칭찬하고 이것저것 알아내라.
- 뭔가 한마디 던지고 상대의 눈을 본다.
- 부탁하라. 상대는 그것을 명령이라고 느끼게 되므로 당신은 상대보다 우위에 설 수 있다.
- '만약 ~' 의 질문을 하면 상대가 의외의 발언을 하게 된

다.
- 여러 질문을 한꺼번에 던져라. 그렇게 하면 아무리 말수가 적은 사람이라도 많은 이야기를 하게 된다. 그 사이 당신은 '앞으로 이야기를 어떻게 전개할 것인지.'를 천천히 생각할 수 있다.

2장
단 한마디로 쓰러뜨릴 역습법

사소한 다툼과 말싸움은 일상생활 속에서 끝이 없다. 내 주변에도 그렇고 당신의 경우에도 주위가 '어수선한 분위기'가 되는 경우가 있을 것이다. 그런 경우에 맞닥뜨리면 짜증이 나지만 자신이 그 트러블에 관련돼 있다면 더욱 화가 나기도 한다.

특히 더 짜증나는 것은, 화가 날 정도의 비난과 질문을 당했을 때이다. 그런 상황이 됐을 때 어떻게 대응하면 상대에게 통쾌한 카운터펀치를 먹일 수 있을지, 이 장에서 알기 쉽게 정리해 두었다.

1
포인트는 '마음가짐' 이다

 당신은 남으로부터 말로 공격을 받았을 경우 바로 '하지만 그것은…….' 이거나 '나는 단지 ~하고 싶었을 뿐인데.' 라고 말하는 타입인가?

 만약 그렇다면 앞으로는 그런 변명의 말을 당신의 사전에서 지워버려야 한다. '하지만 그것은…….' 이라고 말하는 순간 당신은 상대보다 열등한 입장의 사람이 되고 만다.

 상대에게 비난을 받는다고 해도 그것에 대해 확실하게 답변을 할 수 있기 위해서는 마음가짐도 중요하다.

 만약 지금까지 당신이 '당하는 사람', '소극적인 사람' 이었다면 앞으로는 무슨 일이 일어나도 끄떡없는 '철면피 같은 사람'이 되도록 하라. 지금부터 조금씩이라도 좋으니 '참기만 하는 사람'에서 탈피하는 것이다. 그리고 최종적으로는 상대를 향해 '당신의 말은 신경에 거슬리니 그 이상 아무 말도 하지 말아주세요!'라고 잘라버릴 수 있는 사람이 되는 것이다.

이런 마음을 가져야 이 장에서 소개하는 여러 전법도 사용할 수 있다. '이런 말을 하면 그 사람이 상처를 입게 돼!' 따위는 생각해서는 안 된다. 그런 약한 마음 상태로는 언제까지나 상대에게 끌려 다니게 된다.

언제까지나 '친절하고 점잖은 대응'만으로는 안 된다. 자신의 생각을 확실하게 표현하는 것이 중요하다.

그 상황에 딱 맞는 답변을 곧바로 할 수 있는 사람은 확실하게 표현을 하는 사람, 남이 욕을 해도 신경을 쓰지 않는 사람, 남의 마음에 들거나 말거나 전혀 상관하지 않는 사람이다.

'말하는 내용'보다는 '당신이 상대에게 무언가 말하는 자체'가 중요한 것이다. 입을 다물고만 있으면 앞으로 나아갈 수 없다.

신체언어(body language), 즉 몸의 동작을 더하는 것이 좋다. 무언가 말하려 할 때 행동과 얼굴의 표정으로 강한 태도를 나타내는 것이다. 그런 동작은 반드시 상대의 마음을 끌어 그 동작으로 인해 당신의 대사는 한층 박력을 더할 것이다.

'지금부터 확실히 말할 테니 귀 후비고 잘 들어!' 라는 자세가 상대에게 확실히 전달되는 것이다. 액션이 투쟁심과 일체가 되는 것이다. 마음이 약해질 경우 특히 이런 동작을 이용하기 바란다.

❷ 뻔뻔해져라

　남에게 유쾌하지 못한 말을 들으면 '그야 그렇지만' 이라고 점잖게 대답할 수 없는 것이 보통이다.
　반대로 상대에게는 상처를 줄 말이나 움찔하게 하는 말을 던지고 싶어진다.
　비난이나 망신을 당했다면 점잖을 떨 때가 아니다.
　이때는 치사해져야 한다! 뻔뻔해져야 한다! 얼굴에 철판을 깔아야 한다!
　자신의 속이 후련해질 대사에는 반드시 '비꼬는 요소' 나 '꺼리는 요소' 가 포함되어 있다. '상대의 마음에 상처를 주지 않고 자신의 속이 확 풀릴 적절한 말' 따위는 흔치 않다.

죽어도 뻔뻔해질 수 없다면, 다시 말하지만 당신은 언제까지나 당할 수밖에 없다. 자신은 상처를 입고 상대는 유쾌한 상태가 계속 이어지게 될 것이다.

뻔뻔해지자. 뻔뻔해져도 전혀 상관이 없다.

내(필자)가 아는 사람 중에 스위스 태생의 여성 비서가 있었다. 어느 날 그녀는 부장의 메모를 컴퓨터에 입력하는 일을 명령받았다. 그런데 부장의 메모는 지렁이가 기어가는 듯한 글씨로 쓰여 있어서 전혀 읽을 수가 없었다.

그래서 부장에게 이렇게 말했다.

"이래서야 글씨를 읽을 수 없습니다."

이에 대해 부장은 "앞으로 한 달간 시간을 줄 테니 그때까지 내 글씨를 읽을 수 있도록 해."라고 명령했다.

하지만 그녀는 굴하지 않았다. 확실히 되받았다.

"아니오, 저야말로 부장님께 2주의 시간을 드릴 테니 글씨를 제대로 쓸 수 있도록 해주세요."

이 대답을 들은 순간 부장은 자신도 모르게 크게 웃었다.

그녀의 이 대답, 정말 멋지지 않은가? 왜냐고 묻겠지만, 말하는 것이 뻔뻔스럽기 때문이다. '전혀 뻔뻔스럽지 않은 답변' 따위는 김빠진 맥주 같은 것으로 아무런 맛이 없다.

당신도 '점잖은 사람'을 연출하는 것은 이제 그만둬야 한다. '계속 당하지만은 않겠어.'라는 것을 주위에 확실하게 보여줘야 한다. 이런 태도를 취하면 자연스럽게 자신감도 생기니 참으로 희한하다.

- ◆ 왼쪽 부장 - 앞으로 한 달간 시간을 줄 테니 그때까지 내 글씨를 읽을 수 있도록 해.
- ● 오른쪽 비서 - 저야말로 부장님께 2주의 시간을 드릴 테니 글씨를 제대로 쓸 수 있도록 해주세요.

또 하나 실제 있었던 이야기를 소개하겠다.

독일에서는 6월 셋째 일요일이 '아버지의 날'로 지정돼 있다. '어머니의 날' 뒤에 정해졌는데 '어머니의 날'만큼 잘 알려져 있지는 않았다.

그런 '아버지의 날'에 한 아버지가 가족들에게 이렇게 말했다.

"오늘은 아버지의 날이니 집안일을 하나도 안 할 것이다."

그러자 17살이 된 딸이 이렇게 말했다.

"그럼 일 년 열두 달 '아버지의 날'이네요."

이 대답을 들은 아버지는 한 방 먹은 기분이었다.

만약 마음에 들지 않는 상대에게 필살의 펀치를 먹이고 싶다면 자기중심적이지 않으면 안 된다. 상대의 마음 따위에는 신경 쓸 여유가 없다.

'뻔뻔해질 것.', '팔방미인의 태도를 버릴 것.' 이것이야말로 '마음의 건강을 지키는 비결'인 것이다.

❸
'노' 라고 말할 수 있는 당신

이런 광경을 떠올려 보자.

한 마을에 테레사라는 이름의 여성이 있었다. 그녀는 오늘은 꼭 여유 있게 책을 읽겠다고 생각했다. 몇 주 동안 책상 위에 놓여 있던 책이었다.

그런데 집에 오자마자 전화벨이 울렸다. 친구였다. 그러고 보니 꽤 오래 그녀와 만나지 않았다.

그 친구는 이렇게 말했다.

"오늘밤 같이 식사하지 않을래?"

테레사는 곤란했다.

'어쩌지? 그 책을 꼭 읽고 싶기도 하고 친구와 수다도 떨고 싶다. 오랜만인데……. 만약 친구의 권유를 거절하면 아마 그녀는 실망하겠지. 어쩌면 그녀는 마음이 상할지도 몰라…….'

실은 외출을 하고 싶지 않았지만 테레사는 결국 그녀와 만나기로 했다.

식사를 마치고 집에 돌아온 테레사는 자기도 모르게 한숨을 쉬었다. 오늘도 또 예정대로 할 수가 없어서 그런 자신에게 짜증이 난 것이었다.

'노'라고 말하지 못하고 고민하는 사람이 세상에는 아주 많다. 그런 사람들은 남을 실망시키고 싶지 않다고 생각하고 있다. 그렇기 때문에 자신의 희망보다는 남의 희망을 우선으로 한다. 하지만 실제로 사람은 '남을 실망시키지 않기 위해' 사는 것이 아니다. 게다가 당신은 누군가에게 '노'라는 말을 듣는다고 해서 별로 신경을 쓰지 않을 것이다. 그러니 역으로 당신도 아무 부담 없이 상대에게 '노'라고 해도 좋다.

만약 상대가 당신의 '노'에 대해 불만을 나타내는 사람이라면 그런 사람과는 만나지 않는 것이 좋을 것이다.

■ 실전 편

그럼 이제부터 상대에게 비난을 받았을 경우 구체적인 반전 방법을 소개하겠다.

마음에 드는 방법이 있으면 실전에서 이용해 주기 바란다.

역으로 만약 당신이 '이것은 비겁한 방법이다.' 라고 생각한다면 사용하지 않으면 그만이다.

4
그것은 당신의 생각이지

독일에서 있었던 일이다. 전 수상이 소속되어 있던 정당이 선거에서 승리를 하여 그가 인터뷰를 하게 되었다.
그때 한 기자가 이렇게 질문했다.
"선거에 이기셨지만 당 내부에는 지도부에 불만을 품은 그룹이 있다는데 어떻게 생각하십니까?"
그러자 전 수상은 이렇게 대답했다.
"당신은 그렇게 생각할지 모르지만 나는 그런 사람들이 전혀 없다고 생각합니다."
이렇게 말하고 전 수상은 자신이 하고 싶은 이야기를 했다.
전 수상이 취한 대처방법은 여러 상황에서 응용이 가능하다. 상대로부터 규탄을 받으면 언제나 '그것은 전부 당신의 착각입니다.'라고 하면 그 비난은 공중에 떠버리는 것이기 때문이다.

예를 들어 누군가에게 '당신은 아직 이번 일의 전체 상황을 파악하지 못하고 있군요.'라는 소리를 들었어도 이렇게 대답하면 그만이다.

'그것은 당신의 착각일 뿐이오.'

이 대답은 그렇게 생각하고 있는 것은 상대뿐이라는 것을 말해 준다. 역으로 말하면 "나는 전체 상황을 확실히 파악하고 있어요."라는 뜻이 된다.

언제나 이런 식의 대답을 한다면 자신의 생각에 점점 자신이 생기게 된다.

이와 비슷한 대응방법으로는 다음과 같은 대사가 있다.

- 당신은 그렇게 말하지만 다른 사람들은 그렇게 생각하지 않아요.

◆ 왼쪽 남성 - 당신 꽤 신경질적이군요.
● 오른쪽 여성 - 그것은 당신의 생각이지요.

5
착각이 당신의 결점이로군

 이 대사를 기억해 두면 당신은 남들에게 무슨 소리를 들어도 끄떡없다. 그야말로 철저한 대응수단이다.
 예를 들어 상대가 "당신은 도움이 안 돼."라고 비난을 해도 당신은 의연하게 "착각이 바로 당신의 결점이군." 하고 대응하면 그만이다. 확실히 꽤 대담한 대응이지만 이렇게 말하게 되면 당신은 자신이 도움이 되는지 어떤지의 문제는 제쳐둘 수 있다.
 무슨 소리를 듣건 간에 상대가 그렇게 착각하고 있는 것으로 만들어 버리면 그만이다.

◆ 상대 - 당신은 도움이 안 되는 사람이라고 생각해요.
● 당신 - 그런 착각이 바로 당신의 결점이죠.

타인에 대한 판단은 상당히 주관적이다. '그 사람은 이렇다.'고 객관적으로 말하는 것은 불가능한 일이다. 겨우 '당신은 도움이 안 되는 사람이라고 나는 생각한다.' 정도가 한계이다. 하지만 이런 소리를 들었을 때는 다음과 같이 "그렇게 착각을 하는 것이 당신의 결점이군요." 하고 가볍게 받아치면 그만이다. 상대가 어떻게 생각하든 결점을 가지고 있는 것은 적(상대)이라고 선언해 버리는 것이다.

 '착각이 바로 당신의 결점이군.'

'당신은 결국 아무것도 못 해냈군요.' 라는 소리를 들었을 때, '그렇게 착각하는 것이 당신의 결점이군요.' 라고 카운터 펀치를 먹인다. 이 대답을 더욱 '강력한 한마디'로 만들기 위해서는 상대의 이름을 앞에 붙이면 된다.

다시 말해 이렇다.

"로버트 씨, 그렇게 착각하는 것이 당신의 결점이군요."

상대는 이름이 불린 것만으로도 한층 더 충격을 받을 것이다.

 이 패턴의 구체적인 예를 몇 가지 들어보겠다.

무슨 소리를 듣던 당신의 대답은 항상 '그렇게 착각하는 것이 당신의 결점이군요.' 이다.

◆ 상대 - 당신의 태도가 너무 심했어요.
● 당신 - 그렇게 착각하는 것이 당신의 결점이군요.

◆ 상대 - 지금까지 당신을 신용했었는데 이번에는 정말 실망했어요.
● 당신 - 그렇게 착각하는 것이 당신의 결점이군요.

- ◆ 상대 - 당신은 모두를 자신의 생각대로 조정하고 싶어 하는군요.
- ● 당신 - 그렇게 착각하는 것이 당신의 결점이군요.

- ◆ 상대 - 자넨, 일을 형편없이 처리했군.
- ● 당신 - 그렇게 착각하는 것이 바로 자네의 결점이라네.

- ◆ 상대 - 자넨 멍청한 눈빛을 하고 있군.
- ● 당신 - 그렇게 착각한다면 자네 눈이 이상한 거네.

이 대사는 확실히 파워가 있어서 이것만 잘 기억해 두면 어떤 상황에 빠져도 안심할 수 있다. 말하자면 만능의 반전 문구이다.

비슷한 말로는 다음과 같은 것이 있다. 마음에 드는 대사를 선택해 기억해 두면 좋다.

- ● 당신은 그렇게 생각할지 모르지만 그건 아무래도 상관없

는 일입니다.
- 당신은 그런 것을 생각하고 있어요?
- 당신은 그렇게 생각할지 모르지만 별로 신경 쓸 일이 아닙니다.
- 당신은 그렇게 생각할지 모르지만 그게 어쨌는데요?
- 당신은 그렇게 생각할지 모르지만 나에게는 별로 중요하지 않아요.

여기에 소개한 대사는 모두 결국 '당신의 생각 따위에는 전혀 관심이 없다.'라고 말하고 있는 것이다.

6
앞으로 달라지겠지

한 경제지 기자가 스위스의 유명한 경영평론가를 인터뷰한 때의 일이다.

기자는 이렇게 질문했다.

"작년에 당신은 '주가가 폭락한다.'라고 예상했었는데 전혀 그런 일은 없었습니다. 예상이 빗나간 게 되는데……."

이에 대해 그 평론가는 이렇게 말하고 가볍게 궁지에서 빠져나왔다.

"아니오, 시기가 어긋났을 뿐이죠. 내년이면 반드시 폭락할 것입니다."

이처럼 상대로부터 무언가 비난을 받으면 '앞으로 ~하게 될 것입니다.' 라고 말하는 것도 훌륭한 반론의 일종이다. 이런 답변을 들으면 질문한 사람은 할 말을 잃게 된다.

이 예에서 보면 평론가의 이번 예측('내년이 되면 폭락한다.')이 적중할지 아닐지는 내년이 되지 않으면 알 수 없다. 이 인터뷰의 시점에서는 전혀 판단할 수 없다. 따라서 질문한 사람은 더 이상 이야기를 진행할 수 없어지고 마는 것이다.

> **key point**
> 남에게 비난을 받으면 현 시점에서만 판단하지 말고 미래를 염두에 둔 대답을 한다.

같은 전략을 이용한 사람이 독일의 프로 축구팀 '바이에른 뮌헨' 의 감독이다.

그는 TV 인터뷰에서 "당신은 게임에서는 실력을 발휘하지만 흥정에는 약한 것 같습니다."라고 하자, "그것은 올해의 이야기고 내년이 되면 달라질 것입니다."라고 대답했다.

7
중요한 것은 그게 아니다

대기업들이 합병을 하려고 할 때 한쪽의 사장이 TV 리포터에게서 이런 질문을 받았다.

"앞으로 상대 회사의 수뇌들과 함께 경영을 책임져야 하는데 그 점에 만족하십니까?"

그러자 사장은 이렇게 역습했다.

"중요한 것은 개개인이 만족하느냐가 아니라 이번 합병이 양측에 있어 최선의 선택이냐 하는 점입니다."

 '중요한 것은 그게 아니라 ~이다.'

이 패턴을 기억해 두면 당신은 많은 질문을 간단히 넘길 수 있다. 왜냐하면 이 반전으로 질문 자체가 의미가 없어지기 때문이다. 당신은 한 단계 위의 목표나 테마를 꺼냄으로써 본래의 질문으로부터 상대의 주의를 돌릴 수 있게 된다.

 이 대응 패턴의 구체적인 예를 몇 가지 들어보겠다.
특히 여성이라면 머릿속에 확실히 각인해 둘 만한 대사이다.

◆ 남성— 또 새 옷을 샀군! 대체 얼마야?
● 여성— 옷값보다 내가 매력적으로 보이는 게 중요하지 않아요?

◆ 상대— 속력 좀 더 낼 수 없어?
● 당신— 나는 안전이 더 중요해.

◆ 상대— 이 거실은 가구를 옮기기 전이 보기가 좋았는데.
● 당신— 보기 좋은 것보다 가족의 편리가 중요하잖아요.

정리해 보겠다. 당신이 곤란한 질문을 받고 궁지에 몰렸다고 하자. 그때 당신은 질문을 일단 무시하고 '한 단계 위의 목표나 테마는 어떨까?' 하고 생각해 보는 것이다. 어렵게 생각할 필요는 없다. '한 단계 위의 목표'라고 하지만 여기서처럼 '안전성'과 '가족의 편리' 등 평소에 중요하다고 여기는 것들이다.

그것이 머릿속에서 떠오르면 '중요한 것은 그게 아니라…….'라고 말을 시작하는 것이다. 상대는 결국 당신으로부터 더 이상의 대답을 들을 수 없을 것이다. 승부는 당신의 완승으로 끝날 것이다.

8

상대의 능력을 의심하라

당신이 설명을 하는 동안 누군가가 갑자기 이렇게 말했다고 하자.

"지금 이야기는 나로서는 전혀 이해가 안 되는데요."

보통 이런 이야기를 들으면 다시 자세하게 설명하거나 다른 각도에서 설명하려고 하는데 실은 그럴 필요가 전혀 없다.

상대가 그런 반론을 해도 당신은 전혀 동요하지 말고 이렇게 말하면 충분하다.

"이 문제를 판단하는 데는 어느 정도의 이해력이 필요하니까? 당신이 모르는 것도 무리는 아니겠죠."

그리고 아무 일 없다는 듯이 이야기를 계속하면 된다.

다시 말해 기본 전략은 이렇다.

 누군가 '트집'을 잡으려 하면 그 사람의 능력으로는 문제를 판단할 수 없다고 확실히(또는 살며시) 말해 준다.

구체적인 예를 또 하나 들어보겠다. 내용은 같지만 답변이 다르다.

> ◆ 상대 - 그런 불충분한 설명으로는 모두 납득할 수 없다고 생각합니다.
> ● 당신 - 그렇게 말씀하시지만 이 문제는 전문가 외에는 판단하기가 어렵습니다.

 이 대응 패턴의 구체적인 예를 몇 가지 들어보겠다.

모든 공격에 대해 '이것을 판단하는 데는 어느 정도의 능력이 필요하니까요.'라고 말해도 좋지만 가끔은 다른 대사를 사용해 보아라.

- ◆ 상대 - 무슨 말인지 잘 이해가 안 되는데요.
- ● 당신 - 그럴 겁니다. 저도 전에는 이해가 안 되었지만 철저히 연구해서 겨우 알게 되었으니까요.

- ◆ 상대 - 그 방법은 실제로 도움이 되지 않아요.
- ● 당신 - 그렇습니다. 초보자들에게 이 방법을 바로 이해하라고 하는 것은 무리가 될지도 모르겠지만······.

- ◆ 상대 - 그 숫자는 틀렸는데요.
- ● 당신 - 초보자가 오해하는 것도 당연하지만······.

- ◆ 상대 - 그것은 당신의 착각입니다!
- ● 당신 - 그렇게 말씀하시지만 이 문제를 판단하는 데는 어느 정도의 능력이 필요합니다.

9

비난을 단칼에 부정하라

만약 누군가가 당신을 비난하면 '당하는 입장'이 되어서는 안 된다. '그의 말에도 일리가 있을지도'라고 생각해서도 안 된다. 최선의 태도는 상대의 비난을 단칼에 부정하는 것이다.

이렇게 말하면 왠지 '상대의 의견은 전부 무시하잖아! 고집불통에 꽉 막혔다는 소리를 들어도 신경 쓰지 마!'라고 들릴지도 모르겠지만 상대 또한 항상 깊이 생각하고 당신을 비난한다고 단정할 수 없고, 단지 중상모략일 경우도 있을 수 있다. 의외로 아무 생각 없이 당신을 비난할 수도 있는 것이다. 그런 지적을 일일이 귀 기울일 필요는 절대로 없다. 결국 본인 스스로 피곤해질 뿐이다. 그러니 확실히 부정하고 깨끗이 잊어버린다. 기본 방침은 두말할 것 없이 '아니오.' 이다.

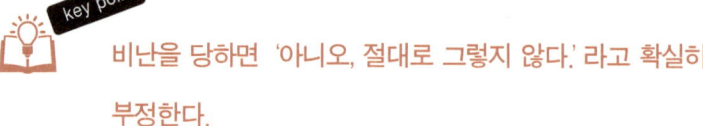 비난을 당하면 '아니오, 절대로 그렇지 않다.' 라고 확실히 부정한다.

이 한마디로 당신은 상대의 비난을 '착각' 이라고 판단하게 하고 동시에 상대의 지나친 언행을 꾸짖게 되는 것이다. 이것저것 변명을 하지 않는다. 어떤 비난을 당해도 '아니오, 그렇지 않습니다.' 라고 하고 빠져나오면 그만이다.

 이 대응 패턴의 구체적인 예를 몇 가지 들어보았다.

◆ 상대- 당신의 가장 큰 결점이 뭐죠?
● 당신- 결점이라뇨? 나는 그런 거 없어요.

◆ 상대- 당신 대체 무슨 말을 하고 싶은 거죠? 전혀 알

아들을 수가 없어요.
- ● 당신- 그럴 리가 없습니다. 확실하게 전달되었을 것입니다.

- ◆ 상대- 지금 그 말이 당신의 진심은 아니죠?
- ● 당신- 아니오, 틀림없이 제 진심입니다.

- ◆ 상대- 자네가 그 자료를 어딘가에 두고 온 거 아냐?
- ● 당신- 아니오, 그럴 리가 없습니다. 다시 한 번 찾아보시죠.

이와 비슷한 표현에 다음과 같은 대사가 있다. 가끔은 이 방법도 써보기 바란다.

- ● 아니오, 그것은 당신의 착각입니다.

예를 들어 이렇다.

◆ 상대- 당신이 그 가방을 어디선가 잃어버린 거 아닌가요?

● 당신- 아니오, 그것은 당신의 착각입니다. 당신이야말로 어제 가방 둔 곳을 잊어버렸잖아요.

10 역으로 되묻기

선거에서 패한 한 정당의 거물 정치가에게 신문기자가 다음과 같은 인터뷰를 한 적이 있었다.

◆ 기자- 이번 패배가 당 지도부의 책임문제로까지 발전하는 거 아닙니까?
● 정치가- 대체 무슨 소리죠?
◆ 기자- 지도부가 교체되는 게 아닌가요?
● 정치가- 현재 지도부의 누가 그런 소리를 했나요?
◆ 기자- 아니오, 그런 것은 아니지만.
● 정치가- 그럼 당신이 우리 정당의 당원이라도 되나요?

◆ 기자- 아닙니다.
● 정치가- 그럼 가만히 지켜봐 주세요.

　기자는 정치가에게 곤란한 질문을 퍼부었으나 정치가 또한 지지 않고 몇 번이고 되물어 결국 원래는 '질문 받는 입장'이었던 정치가가 '질문하는 입장'이 된 것이다.
　이처럼 상대에게 역으로 물어보는 방법은 '질문하는 입장'과 '대답하는 입장'이란 상황을 역전시킬 정도의 엄청난 파워가 숨겨져 있다. 아무리 불쾌한 질문을 받는다고 해도 당신이 역으로 되묻는 사이 상대는 틀림없이 기가 죽게 된다.
　내(필자)가 개최하고 있는 세미나에서는 빈번하게 '모의 토크'를 하고 있는데, 예를 들어 한 사람에게 이 '되묻는 전법'을 쓰도록 지시해 두면 순식간에 상대와 방어 측이 바뀌어버린다. 그런 광경을 직접 본 참가자들은 깜짝 놀란다. 당신도 꼭 실전에서 시험해 보기 바란다.
　그럼 다른 상황을 생각해 보겠다.
　예를 들어 다음과 같은 상황을 상상해 보자.
　상사가 당신에게 이렇게 말했다고 하자.

"자넨 어째서 동료들을 괴롭히는가?"

당신이라면 어떻게 대응하겠는가?

대답은 간단하다.

당신은 다음과 같이 '역으로 질문하면' 된다.

"제가 그런 짓을 한다고 생각하세요?"

이 한마디로 이번에는 상사가 '대답하는 입장'이 되어버린다.

당신은 일단 상대로부터 공격받는 입장에서 벗어날 수 있다. 그와 동시에 '앞으로 어떻게 이야기를 진행시킬까?'를 여유 있게 생각할 수 있다.

이처럼 역으로 당신이 상대에게 되묻는 것만으로 상대는 매우 당황해 하고 당신은 여유가 생긴다.

게다가 당신은 역으로 공격하는 입장이 된다. 질문한 사람은 방어하는 입장이 되어 곤란하게 된다. 상대는 '열심히' 무언가 대답을 하려고 머리를 짜내게 될 것이다.

물론 상대도 무언가 대답을 하겠지만 그것은 '머리를 짜낸 대답', '필사적인 대답'이다. 그에 반해 당신은 그 사이 상대가 진땀을 흘리는 것을 즐기며 여유가 생기므로 역으로 질문하는 것은 '간계'라고 해도 좋을 것이다. 마음에 들지 않는 사람에게 '근거도 없는 중상모략'을 당하면 봐줄 것 없이 속이 후련해지도록 철저하게 '역 질문'을 해줘야 한다. 속이 시원해질 것이다.

질문과 비난을 들으면 역으로 상대에게 반문을 한다.

'역으로 반문하는 전법'에는 여러 가지가 있다. 대표적인 것을 몇 개 제시해 보겠다.

〈 어떻게 하면 좋을지 묻는다 〉

이것은 매우 간단한 방법이고 어떤 상황에서도 사용할 수 있다.

상대가 무언가 문제를 삼으면 상대가 말한 것에 대해 '어떡하면'이란 질문을 하기만 하면 끝이다.

예를 들어 이렇다.

- ◆ 상대 – 그것은 믿을 수 없습니다.
- ● 당신 – 어떡하면 믿을 수 있습니까?

어떠한가, 간단하지 않은가? 이렇게 단순한 문구이지만 반문을 당한 상대는 어떻게 대답할지 곤란해진다. 한편 당신은 궁지에서 탈출하게 된다.

 이 대응 패턴의 구체적인 예를 몇 가지 들어보겠다.

- ◆ 상대 – 당신은 연습이 부족하군요.
- ● 당신 – 어떡하면 충분하다는 소리를 들을 수 있을까요?

- ◆ 상대 – 너 정말 바보로군.
- ● 당신 – 당신한테 바보 소리를 듣지 않으려면 어떻게 하면 되죠?

◆ 상대 - 자네 질문은 마음에 들지 않아.
● 당신 - 그럼 어떻게 물으면 마음에 드시겠습니까?

〈상대의 생각을 묻는다〉

104페이지의 되묻는 전법과 비슷한 것으로 '상대의 생각을 묻는다.'라는 방법이 있다.

예를 들어 자신의 방법을 비난당하면 '그럼 당신 생각에 어떻게 하는 것이 바른 방법입니까?'라고 물어 보는 것이다.

상대는 '바른 방법'을 당신에게 설명하려고 열심일 것이다. 하지만 이런 질문이 되돌아올 것을 예상하지 못했으므로 바로 대답을 할 수 없다. 상대는 당신을 비난해서 스스로 궁지에 몰리게 되는 것이다.

◆ 상대 - 자네 말투는 아무래도 문제가 있어.
● 당신 - 그럼 어떻게 하면 좋나요?

- ◆ 상대- 당신의 교육이 형편없군.
- ● 당신- 그럼 어떤 것이 좋은 교육이죠?

- ◆ 상대- 그런 태도로는 대화를 할 수 없소.
- ● 당신- 그럼 대화하는 데 어울리는 태도는 어떤 태도라고 생각합니까?

- ◆ 상대- 당신의 이야기에는 요지가 없어요.
- ● 당신- 어떤 것이 요지가 있는 이야기인가요?

〈 내용을 자세히 묻는다 〉

이것은 상대로부터 무언가 질문을 받았을 경우 역으로 당신이 그 상대에게 '자세히 얘기하면 무엇이~?', '정확하게 언제~?' 하는 식으로 묻는 방법이다. 엄밀하게 설명한다는 것은 무슨 일이든 상당히 어려운 것이라 상대는 이 질문에 대답을 하려면 할수록 피눈물 나는 노력을 하게 된다.

◆ 상대 - 럭비는 참 재미있어. 안 그래?
● 당신 - 어떤 점이 재미있지?

◆ 상대 - 자네 얼마 전 편의점에서 고개를 숙이고 무엇을 그렇게 생각했어?
● 당신 - 얼마 전이라니 언제 말이야?

이것과 비슷한 방법에 '당신이 말하는 게 어떤 것이죠?' 라고 역질문 하는 방법도 있다.

상대가 무언가 이야기를 꺼낼 때 그 화제를 확실히 하기 위해 하는 질문으로 상대는 틀림없이 대답을 들을 것이라고 방심하고 있기 때문에 역으로 엄밀함을 요구하면 곤란해지는 것이다.

◆ 상대 - 당신은 평판이 나쁘군요.
● 당신 - 업무상인가요, 아니면 사생활 얘기인가요?

◆ 상대 - 당신은 어머니로서 아이들을 제대로 돌보지 못

> 하나요?
> ● 당신- 제게 장남과 차남이 있는데 대체 어느 아이를 말하는 거죠?

〈같은 질문을 되묻는다〉

이것은 상대로부터 질문을 받은 경우, 그것과 똑같은 질문을 상대에게 던지는 전법이다.

똑같은 질문을 던지는 것이므로 아무것도 생각할 필요가 없다. 아주 편한 전법이다.

역으로 상대는 우습게도 자신이 던진 질문의 답을 자신이 해야 하는 상황에 빠진다. 이런 황당한 경우는 없을 것이다.

게다가 반문을 당하기 전까지는 당신으로부터 대답을 들을 수 있을 것이라고 생각하고 있었기 때문에 '충분히 생각한 후의 결론'을 가지고 있을 리는 없다. 당신을 앞에 두고 당황해 할 것이다.

> ◆ 상대 - 어떻게 빚을 갚을 생각입니까?
> ● 당신 - 당신 같으면 어떻게 하겠습니까?
>
> ◆ 상대 - 최근에 언제 책을 읽었습니까?
> ● 당신 - 당신은 언제 읽었나요?

〈 상대에 관한 질문으로 바꾼다 〉

이것은 성격이 꼼꼼하지 않은 사람에게 꼭 맞는 전법이다. 당신이 무슨 질문이나 비난을 받아도 그 일은 제쳐두고 전혀 관계가 없는 질문을 상대에게 던지는 작전이기 때문이다.
 구체적인 예를 들어보겠다.

> ◆ 상대 - 만약에 이 회사에서 해고되면 어떻게 할 거지?
> ● 당신 - 자네가 이 회사에 들어온 게 언제였지?

이 경우에는 자신의 퇴직 후의 일을 물었지만 제대로 된 답은 하지 않고 역으로 상대에게 입사한 것을 묻고 있다.

퇴직과 입사이므로 전혀 관계가 없다고는 할 수 없지만 상당히 상대를 무시한 대응이다.

무시하고 싶은 상대나 마음에 들지 않는 상대로부터 마음에 안 드는 질문을 받았을 때는 이 전법을 써보기 바란다.

- ◆ 상대 - 당신은 월급을 2주일 만에 다 써버린다는데 대체 왜 그렇죠?
- ● 당신 - 당신은 몇 주나 쓰나요?

- ◆ 상대 - 자넨 회의 중에 자주 존다며?
- ● 당신 - 자넨 언제 조는데?

 이 대응 패턴의 구체적인 예를 몇 가지 들어보겠다.

- ◆ 상대 - 계산이 틀리네요.
- ● 당신 - 어떤 숫자 말인가요?

- ◆ 상대- 뭐 하고 있어요?
- ● 당신- 뭐 하는 것 같아요?

- ◆ 상대- 어째서 아직 숙제를 끝내지 못했죠?
- ● 당신- 왜 그런 것을 묻나요?

- ◆ 상대- 당신의 질문이 마음에 들지 않네요.
- ● 당신- 묻는 방법이요, 아니면 내용이요?

- ◆ 상대- 당신의 대답이 마음에 들지 않아요.
- ● 당신- 뭐가 불만인가요?

이상과 같이 '역으로 되묻는 방법'에는 많은 종류가 있다. 되묻는 방법을 연습해 두면 실제상황에서 매우 도움이 된다.

친구나 가족에게 시험해 보면 그 효과에 스스로 놀랄 것이다.

이상으로 '역으로 되묻는 방법'에 대해 설명을 마치겠지만 그 이외에도 '어떤 비난이나 질문을 당할 경우에도 사용할 수 있는 만능의 되묻는 문구'가 몇 가지 있다. 두 개쯤 확실히 머릿속에 넣어두면 급할 때 요긴하다.

〈 언제 어디서나 어울리는 되묻는 문구 〉

- 더 하고 싶은 말이 있나요?
- 정말로 그렇게 생각하나요?
- 예전의 당신이라면 그런 말을 하지 않았을 텐데요.
- 그거 중요한 일인가요?
- 어째서 그런 것을 묻나요?
- 어디서 그런 소리를 들었나요?
- 그런 것을 물어보는 이유가 뭡니까?

11

일부러 되묻고 그 사이 대답을 생각한다

이것은 상대가 무언가 말하면 그에 대해 '네? 뭐라고요?' 라고 되묻는 전략이다. 질문을 못 들은 것처럼 하는 것이다.

예를 들어보겠다.

> ◆ 상대 - 자넨 왜 항상 약속시간에 늦게 오는 거야?
> ● 당신 - 뭐? 잘 못 들었는데.
> ◆ 상대 - 왜 항상 약속시간에 늦는지 물었어.

이렇게 하면 상대가 같은 질문을 반복하는 사이 당신은 대답을 생각할 수 있다.

이 전략을 상대는 '속임수'라고 생각하지 않는다. 일부러 되묻는다고 상상도 할 수 없다.

따라서 앞서 말한 질문을 '고맙게도' 다시 한 번 말해 주는 것이다. 고생스럽게도……..

3장

유머가 넘치는 답변

영국의 전 수상 처칠이 한 파티에 참석했는데 어떤 여성으로부터 이런 비난을 받았다.
　"내가 만약 당신의 부인이라면 반드시 당신의 잔에 독을 넣겠어요."
　이에 대해 처칠은 바로 이렇게 대답했다.
　"내가 만약 당신의 남편이라면 반드시 그 독을 마시겠소."
　처칠의 이 대사는 한마디로 통쾌한 반격이다. 그 여성은 유머가 섞인 이 대답에 당황해 아무 말도 하지 못했을 것이다. 처칠의 완벽한 승리이다.
　이 에피소드가 잘 말해 주듯 남에게 비난을 당할 경우 비꼬는 듯한 유머를 섞어 그 말에 대응할 수 있다.
　이 장에서는 그런 유머 있는 역습 패턴을 몇 가지 소개하겠다. 유효적절한 순간에 사용해 주기 바란다.

1
맞장구치기 오버하기

TV 토크쇼에서 있었던 일이다.

테마는 '토플리스(유방이 드러나는 옷)'이고 게스트는 초로(初老)의 남성이었다.

사회자가 의견을 묻자 그는 "토플리스는 아주 마음에 들어요. 매우 좋아요."라고 대답했다.

이를 본 시청자 중 한 청년이 방송국에 전화를 해 게스트에게 "당신은 변태 같군요. 혼자 몰래 포르노 비디오를 보는 거 아닙니까?"라고 비난했다.

게스트인 남성은 완전히 기가 죽어 고개를 숙이고 있었다.

이 게스트는 이때 어떻게 대응했으면 좋을까? 바로 이렇다.

"자네 말이 맞아. 포르노 비디오도 보지. 자넨 안 보나?"

이렇게 벗어나면 시청자 전원을 게스트 편으로 만들 수 있었을 것이고 전화를 한 청년은 할 말을 잃었을 것이다.

> **key point**
> 비난당하면 '그 말이 맞다.' 하고 상대를 놀라게 한다. 창피해 하지 말고 당당하게 맞서자.

당신이 상식적으로 좋지 않다고 하는 말이나 행동을 했다고 하자. 물론 범죄가 아니라 '세상이 나쁘다.' 라고 하는 정도와 같다.

그런데 우습게도 그 일을 남들이 비난하는 것은 당신 자신이 스스로 그것을 '좋지 않은 일' 이라고 인정하는 경우이다.

만약 당신이 '별로 나쁜 게 아니야. 아니, 오히려 좋은 일이야.' 라고 말하면 다른 사람이 당신을 비난할 수 없게 된다.

이처럼 전혀 기죽지 않고 매일 매일을 살면 지금까지와는 다른 생활이 눈앞에 펼쳐질 것이다.

자신의 마음을 긍정하고 자신의 생각을 당당하게 주장하는 것이다.

타인이 어떻게 생각하든 그런 것은 신경 쓰지 말고 자신의 행동을 긍정하는 것이다.

남이 뭐라고 해서 어설픈 변명을 시작하면 안 된다. 변명 따위를 하게 되면 더욱 더 타인에게 비난만 받게 된다.

비슷한 패턴의 예를 하나 더 들어보겠다.

예를 들어 누군가에게 '당신은 남의 이야기를 전혀 들으려 하지 않는군요.' 라는 소리를 들었다고 하자. 당신은 어떻게 대답하겠는가? 그렇다.

'그래요, 말씀하신 대로입니다.' 라고 대답하면 된다.

상대는 더 이상 공격을 못하고 슬슬 물러나게 될 것이다.

적이 '말도 안 돼.', '의외인데.', '언어도단' 이라고 트집을 잡을 때 당신이 '별 상관없잖아요.' 라고 말을 끊어버리면 적의 비난과 공격이 순식간에 물거품이 된다. 이 전법을 기억하기만 하면 당신은 천군만마를 얻은 것과 같다.

이런 대답의 예를 몇 가지 들어보겠으니 참고해 주기 바란다.

◆ 상대 - 당신은 키가 작군요!
● 당신 - 네, 어떻게 알았어요?

◆ 상대 - 당신은 뚱뚱하군요.
● 당신 - 네, 실은 그렇습니다. 풍채가 좋죠?

◆ 상대 - 당신은 머리카락이 거의 다 빠졌군요.
● 당신 - 네, 대단하죠!

◆ 상대 - 너는 어떤 남자하고도 친하군.
● 당신 - 네, 그래요. 나는 패션 감각이 있는 남자를 좋아해요. 매일 매일이 아주 즐거워요.

 지금 막 기억한 대응 패턴을 사용한 구체적인 예를 몇 가지 들어보겠다.

◆ 상대 - 자넨 정말 술을 잘 마시는군.

- ● 당신 - 그래, 자넨 잘 마시지 않나?

- ◆ 상대 - 뭐라고? 피카소를 모른다고?
- ● 당신 - 그래, 그런 이름 한 번도 들은 적이 없어. 대체 그게 누군데?

- ◆ 상대 - 그 방법은 치사해!
- ● 당신 - 맞아, 그래서?

- ◆ 상대 - 너는 건방져!
- ● 당신 - 맞아, 그래. 너도 이젠 익숙해질 때가 되지 않았어?

이상의 대답이 효과가 만점인 이유는 상대의 기대와는 정반대의 대응을 하기 때문이다.

이점은 격투기와 통하는 것이 있다. 공격을 받은 측은 반격을 하지 않고 공격을 십분 활용해서 상대의 힘을 이용해 공격을 무위로 만드는 것이다.

'그래, 그 말이 맞아.' 라고 대답을 하면 상대는 왠지 바보가

된 것 같은 생각이 들게 된다. 그리고 비난의 말은 물거품처럼 사라지고 마는 것이다.

이 전법을 더욱 '파워 업' 시키는 요령을 설명하겠다. 그것은 '그래, 그 말이 맞아.' 라고 말한 후 일부러 과장된 말을 하고 이야기를 끝내는 것이다. 이것이 확실하게 먹히면 상대는 완전히 말문이 막혀 공격의 실마리를 잃게 된다.

◆ 오른쪽 남성 - 바지에 얼룩졌어.
● 왼쪽 남성 - 잘 찾아내는군. 실은 엉덩이에 두 군데가 더 있어.

그럼 구체적으로 어떻게 말하면 좋을까? 그 결정적인 문구를 소개하겠다.

● 그래, 맞아. 기네스북에도 실렸더라고.

이 대사는 거의 대부분의 상황에서 사용할 수 있다. 구체적인 예를 들어보겠다.

◆ 상대 - 당신은 뚱뚱하군요.
● 당신 - 맞아요. 기네스북에까지 실렸어요.

◆ 상대 - 자네 정말 술을 잘 마시는군.
● 당신 - 그래 맞아. 올해 기네스북에까지 실렸어.

2
덕분에······.

어떤 일이든 장단점이 있다. 어느 한 면만 있는 경우는 없다.

예를 들어 아파트 꼭대기 층에 살면 창밖의 풍경은 멋지지만 바람이 세게 불 때는 창문을 열 수 없다. 이에 반해 아래층은 창밖을 봐도 별로 전망이 좋지 않지만 어느 정도 바람이 불어도 창문을 열 수 있다.

사람의 건강도 마찬가지이다. 건강할 때는 정력적으로 일을 할 수 있지만 '인생을 천천히 뒤돌아보는 일'은 불가능하다. 반면에 병으로 입원하면 일은 할 수 없지만 이것저것 되돌아보며 생각할 수 있다.

이처럼 모든 일에는 '좋은 점과 나쁜 점'이 있다. 그리고 이런 특징을 잘 살리면 남의 비난에 대해 보기 좋게 역습을 할 수 있다.

예를 들어 사람들이 '당신은 사회를 잘 몰라.'라고 비난했다고 하자. 이에 대해 당신은 '네, 덕분에 세상의 어지러운 소리를 안 듣고 여유 있는 생활을 누릴 수 있습니다.'라고 대답하면 된다.

즉 사회를 잘 모르는 것에 대해 어떤 이점이 있는지를 상대에게 알려주는 것이다.

단, 부정적인 기분으로 말하면 안 된다. 아주 당당하게 주장하는 것이다. '마음에서 우러나는 박력'이 없으면 당신의 카운터 공격도 파워가 부족해진다.

다른 예를 소개해 보겠다.

여성이 누군가에게 '너무 말랐군요.'라는 말을 들었다고 하자.

당신은 그 순간 '말라서 어떤 장점이 있나.'를 바로 생각해 보는 것이다.

예를 들어 '덕분에 좋아하는 음식을 마음껏 먹을 수 있습니다.'라고 대답하면 된다.

역으로 상대가 '마르지 않아서' 어떤 마이너스 면이 있는가를 가르쳐주는 방법도 있다.

예를 들어 이렇다.

'네, 그렇습니다만 당신은 옷을 살 때 사이즈 때문에 고민하지 않나요?'

 이 대응 패턴의 구체적인 예를 들어보겠다.

◆ 상대 - 당신은 신문을 안 보나요?
● 당신 - 덕분에 쓰레기양이 적어요.

◆ 상대 - 당신은 항상 재잘대는군요!
● 당신 - 그 덕분에 아나운서 시험에 합격했어요. 대단하죠?

❸
엉뚱한 대답을 하라

당신 주변에 황당한 질문이나 사생활에 관한 질문을 하는 사람이 없는가?

'그런 질문에는 대답하고 싶지 않아요.'라고 평범하게 대응한다면 별 재미가 없다.

게다가 자신도 불쾌해져 기분이 나빠질 뿐이다. 그럴 때 상대를 당황하게 할 '멋진 대응방법'이 있다.

그것은 상대의 질문 내용을 충분히 이해한 다음 그것과는 전혀 다른 테마로 이야기를 바꾸는 방법이다.

예를 들어 '당신은 씀씀이가 헤프군요.'라는 말을 들으면 '네, 집에 돈 찍는 기계가 있어서요.'라고 대답하는 것이다.

상대는 너무나 황당한 이야기 전개에 여우에게 홀린 듯한 기분이 들 것이다. 자신이 기대한 대답과는 전혀 다른 대답에 멍해질 것이다.

'돈 찍는 기계를 가지고 있다.'는 것은 있을 수 없는 일이지만 이처럼 현실과 동떨어진 대답으로 황당한 상황을 만들어 버리는 것이 포인트이다. 대답이 난센스일수록 효과는 강렬하다.

당신도 이 방법으로 반격하여 회심의 미소를 지어보아라.

다음으로 이 반전의 예를 들었으니 참고해 주기 바란다.

처음에는 바로 효과가 있는 대응을 할 수는 없겠지만 나(필자)의 세미나의 경험으로 보면 누구나 금방 익숙해진다.

◆ 상대 - 나는 은행에 돈이 많아. 도심에 집 세 채를 살 정도야.
● 당신 - 나는 그 집들을 팔 생각이 없어.

◆ 상대 - 자네, 어째서 그렇게 얼굴이 붉은가?
● 당신 - 실은 우체국에 근무하거든.

당신도 어릴 적에는 황당한 이야기를 하거나 장난을 친 경험이 있을 것이다.

아이들은 남들이 자신을 어떻게 볼지 생각하지 않는다. 재미있으면 그만이다.

하지만 점점 '어른 행세'를 하게 되고 인생의 대부분을 충실하고 재미없는 생활을 하게 된다. 익살이나 장난할 용기와 능력을 잃게 되는 것이다. 정말 서글프다고 생각하지 않는가?

옛날로 돌아가 황당한 소리를 해보고 장난을 쳐본다! 남의 눈은 신경 쓰지 마라! 그런 생활을 하면 자연스럽게 그 상황에 알맞은 대답을 그 자리에서 할 수 있게 된다.

재미있는 놀이를 소개하겠다.

손가락을 접어 수를 세는 놀이를 예를 들어 이렇게 한다.

"남자 다섯 명이(이렇게 말하면서 손가락으로 둘을 나타낸다) 에베레스트를 등반하려 하지만 도중에 두 사람이(이렇게 말하고 손가락으로 하나를 나타낸다) 다쳤습니다. 등반을 할 수 있는 사람은 세 명(이렇게 말하고 손가락으로 넷을 나타낸다)입니다."

이런 놀이를 가끔 해보자. 크게 웃는 사람이 있다면 당신도 유쾌해질 것이다.

이 대응 패턴의 구체적인 예를 몇 가지 들어보겠다. 모두 '짜증스런 질문에 대한 난센스 대답'이다.

- ◆ 상대 - (신중한 말투로) 대체 무엇을 생각하고 있는 거야?
- ● 당신 - 슈퍼에서 스파게티가 얼마냐고?

- ◆ 상대 - 가장 불안한 게 무엇이죠?
- ● 당신 - 우리 개가 짖지나 않을까 해서.

- ◆ 상대 - 만약 의사가 두 달밖에 살 수 없다고 하면 어떻게 하겠습니까?
- ● 당신 - 바로 의사를 바꾸겠습니다.

- ◆ 상대 - 당신의 결점은 어디죠?
- ● 당신 - 장롱 안일 거예요.

4
황당하게 부풀려라

한 TV 방송에서 있었던 일이다.

80대의 여성 운전자가 게스트로 출연했다. 여성으로는 비교적 빠른 시대에 운전면허를 딴 사람이다.

사회자가 그녀에게 "옛날 차와 요즘 차의 다른 점이 무엇이죠?"라고 물었다.

그녀의 대답은 이랬다.

"지금은 엔진이 밖에서 보이지가 않아 직접 수리를 할 수 없습니다. 그래서 엔진 전체를 교환할 수밖에 없습니다."

이 대답이 틀리다는 것은 차를 아는 사람이라면 바로 알 수 있다.

하지만 사회자는 시청자에게 이렇게 말했다.

"역시 잘 알고 계시는군요."

우리 집에서는 이 한마디에 웃음을 참을 수 없었다. 아마 다른 집에서도 '하하!' 하고 웃었던 사람이 있었을 것이다. 이런 발언을 할 수 있도록 하기 위해서는 다음과 같은 기본 방침을 익혀두면 간단하다.

> **key point**
> **명백하게 사실과 다른 것을 가능한 한 과장되게 말한다.**

앞서 말한 여성이 요즘 엔진에 대해 전혀 모른다는 것은 명백하다. 하지만 사회자는 그 사실을 역이용해 '역시 잘 알고 계시는군요.'라고 과장되게 말한 것이다.

이 경우 말하고 있는 것이 틀리면 틀릴수록 임팩트는 강렬해진다.

다른 예를 들어보겠다.

마이클 잭슨이 TV 토크쇼에 출연했을 때의 이야기이다.

그가 한 곡을 부른 다음 사회자는 "마이클과 인터뷰를 하겠습니다."라고 말했는데 마이클은 "Thank you, I love you."라고 말하고 사라졌다.

그러자 그 자리에 있던 다른 게스트가 곧바로 이렇게 말했다.

"멋진 인터뷰였습니다. 덕분에 저희는 세상 사람들이 아직 모르는 마이클 잭슨의 비밀을 몇 가지 알게 되었습니다."

물론 인터뷰는 실현되지 않았지만 그 게스트는 사태를 역이용해 '멋진 인터뷰였습니다.' 라고 말하고 벗어날 수 있었다.

5
~에 비하면 차라리 낫지

당신이 남성이라고 가정하자.

친구들과 공원을 산책중이다.

그런데 그중 한 사람이 갑자기 이렇게 말했다.

"너, 지퍼 열렸어!"

보통 때 같으면 '이런 실수'를 할 상황이다. 머리를 긁으며 곤란한 표정을 지을 것이다.

하지만 만약 당신이 그때 껄껄 웃으며 "그래도 바지를 안 입은 것에 비하면 다행이야."라고 말하고 지퍼를 잠그면 어떨까?

당신이 '별거 아니야'라는 태도를 강력하게 나타내면 친구들도 더 이상 이 이야기를 하지 않을 것이다.

 '~에 비하면 차라리 나아.'

이 방식은 이미 많은 사람들이 쓰고 있다.
다른 예를 들어보겠다.
내가 세미나를 개최했을 때의 일이다.
한 여성 참가자가 독특한 헤어스타일을 하고 있었는데 그곳에 있던 한 남성이 이렇게 비꼬았다.
"네 머리 꼭 헬멧 같아."
그러자 그 여성이 이렇게 대답했다.
"헬멧 같은 머리가 속이 빈 머리보다 훨씬 나아."
두말할 필요 없이 '속 빈 머리'라는 것은 그 남성을 말하는 것이다.
이렇게 해서 승부는 그녀의 승리로 끝난 것이다.

이처럼 '~에 비하면 차라리 나아.'라고 할 경우 '~에'에 상대의 약점을 예리하게 찌르는 말을 넣으면 완벽하다.

예를 들어 당신이 누군가에게 '자넨 늘 도전적이야.' 라는 말을 들었을 때 그 사람에게 '소극적인 인간에 비하면 차라리 나아.' 라고 대답했다고 하자.

당신의 말은 상대가 소극적인 사람일 경우 상대의 가슴을 파고들 것이다. 마찬가지로 상대가 학업에 관심이 없는 학생이라면 '학교에 오지 않는 학생보다는 나아.' 라고 말하면 된다.

이것만으로도 상대에게 충분히 쇼크를 줄 수 있지만 더욱 궁지로 몰리도록 표현을 치장해도 좋을 것이다.

예를 들어 앞서 말한 '속이 빈 머리보다 나아.' 라는 대사를 '텅 비어서 안이 훤히 들여다보이는 머리보다 나아.' 라는 식으로 표현하는 것이다.

이런 말을 들은 상대는 기가 죽어 완전히 두 손을 들고 말 것이다.

이 패턴은 다른 여러 가지 비난에 대해서도 쓸 수 있다.

예를 들어 '당신은 요즘 살이 쪘네요.' 라고 하면 '멍청한 것보다는 낫죠?' 라고 말하면 충분하고 '바지에 주름이 갔어요.' 라고 지적당하면 '얼굴에 주름이 간 것보다는 나아요.' 라고 대답하면 완벽하다.

이런 대사를 당당하게 말하는 것이 포인트이다.

 이 대응 패턴의 구체적인 예를 몇 가지 들어보겠다.

◆ 상대 – 자넨 교활해.
● 당신 – 남에게 속는 것보다는 나아.

◆ 상대 – 당신은 수전노예요.
● 당신 – 돈을 물 쓰듯이 쓰고 파산하는 것보다는 나아요.

◆ 상대 – 너, 촌놈이군.
● 당신 – 멍청한 것보다는 나아.

◆ 상대 – 당신은 이제 인생의 내리막길이네요.
● 당신 – 오르막길이 없던 사람에 비하면 낫죠.

◆ 상대- 왜 이렇게 빨리 크리스마스 선물을 사?
● 당신- 잊어버리는 것보다 훨씬 나아.

6

당신하고 똑같네

예를 들어 상대가 '이 냄비는 금방 뜨거워지는군.' 이라고 했다고 하자. 당신은 곧바로 '당신이랑 똑같네.' 라고 해보아라. 상대는 깜짝 놀라 할 말을 잃을 것이다.

그 사람은 자신이 다혈질이라는 자각이 있는 경우에는 약점을 찔렸다고 생각해서 뒤로 물러설 것이고 역으로 그런 자각이 없는 사람도 '내가 그렇게 다혈질인가?' 라고 생각하고 이 역시 입을 다물게 될 것이다.

어쨌거나 이것은 상대에게 있어 '공포의 한마디' 이며 당신에게는 상대를 쓰러뜨릴 절묘한 표현이다. 상대가 무언가 의견을 말하면 '지금이야말로 이 대사를 쓸 찬스인가?' 하고 잠

깐 생각해 본다. 그리고 말하겠다고 결정했을 때 곧바로 말하지 않으면 의미가 없다. 이야기가 다른 방향으로 흘러버리면 이제는 '당신하고 똑같네.'라고 말할 찬스는 사라져버린다. 이 대사는 아주 건방진 말이다. 당신이 예의바른 사람이라면 이 대사를 하는 데 약간의 용기가 필요하겠지만 지금이야말로 뻔뻔해질 때라고 생각하고 써보기 바란다. 언제까지 점잔만 빼고 있으면 스트레스가 쌓일 뿐이다.

다른 예를 하나 들어보겠다.

예를 들어 이런 광경을 떠올려 보자.

직장 동료들이 함께 술집에 갔다. 언제나 말이 없는 그녀도 참석했고 부장은 참석하지 않았다.

모두가 이야기하는 데 정신이 없는 순간 한 사람이 "시청 공무원들은 너무 빼기는 것 같아."라고 말했다.

그러자 바로 그녀가 이렇게 말했다.

"우리 부장님하고 똑같네."

모두 테이블을 두드리며 크게 웃었다. 그녀가 평소 '조용한 사람'이라고 생각했었기에 더욱 효과가 컸던 것이다.

당신도 건방져 보일 필요가 있다. 다음과 같이 조금 시험해 보는 것만으로도 충분하다.

> ◆ 상대- 이 PC는 아무 도움도 안 되는군."
> ● 당신- "우리 부장님하고 똑같네."

물론 부장이 동석하고 있는 경우에는 이 대사는 금물이다. 그런 말을 하면 당신은 직장 내에서 있을 곳을 잃게 된다.

노파심에서 말하지만 이 대사는 '마음이 통하는 사이'에서 꺼내는 것이 무난할 것이다.

부장의 스파이 같은 사람이 한 명이라도 같이 있다면 말하지 않는 것이 좋을 것이다.

또 하나 구체적인 예를 들어보겠다.

> ◆ 상대- 이 꽃은 이제 시들시들하네.
> ● 당신- 그럼, 우리 회사랑 똑같잖아.

아마 상대는 순간 깜짝 놀랄 것이다. 좀 심한가? 상대가 당신의 말을 듣고 웃거나 '맞아, 정말이야.' 라고 동조해 주면 좋지만…….

패턴은 같지만 반대 대사를 쓰는 수단도 있다.

다시 말해 '그럼, 당신하고는 정반대네.' 라고 말하는 것이다.

◆ 부인 - 당신 월급이 요즘 줄었네요.
● 남편 - 당신 체중하고 정반대네.

◆ 상대 - 이 고양이 아주 영리해.
● 당신 - 그럼 자네하고 정반대네.

 이상의 대응 패턴의 구체적인 예를 몇 가지 들어보았다.

◆ 상대 - 이 풍선 금방 늘어나는군.
● 당신 - 당신하고 똑같군요.

◆ 상대 - 이 사과는 표면이 매끄러워.

- 당신- 당신 피부하고는 정반대네.

◆ 상대- 이 개는 시끄럽군.
- 당신- 우리 부장하고 똑같군.

◆ 상대- 사무처리 시간을 더 줄여야 돼.
- 당신- 당신 잔소리도 말이야.

◆ 상대- 이 소시지는 맛이 훌륭하군.
- 당신- 당신과는 정반대네.

 이런 대사를 하게 되면 순간적으로 그 자리의 분위기가 확 바뀌게 된다.
 게다가 이런 말을 떠올리는 것은 그리 어렵지도 않다. 말할 순간을 기다리기만 하면 된다.

 '당신과 똑같네요.' 라는 대사는 상대에게 아부할 때도 쓸 수 있다. 대인관계를 양호하게 하고 싶은 경우에 가볍게 써보는 것도 좋을 것이다. 비꼬는 듯한 인상을 주지 않는 것이 포인트이다.

예를 들어 이렇다.

◆ 상대 - 이 요리는 정말 훌륭하군.
● 당신 - 당신의 패션 센스와 마찬가지입니다.

단 상대가 '부정적 특징'을 말했을 경우에는 이 패턴은 별로 효과가 없다.

다음과 같은 대응방법은 좋지 않다. 재미없는 농담과 마찬가지로 말하지 않는 것이 당신을 위한 것이다.

◆ 상대 - 이 골프공에는 흠집이 있군.
● 당신 - 당신과는 정반대네요.

7
착각맨 진정시키기

세상에는 뻐기고 싶어서 어쩔 줄 모르는 사람이 있다.

당신의 주변에도 틀림없이 한두 명은 있을 것이다.

'나는 거물이야.', '요즘 잘 나가지.', '아무개를 알고 있어.', '이런 것도 할 수 있어.' 라고 떠벌리고 다니는 사람 말이다. 하지만 뻐긴다는 것은 남을 내려다보고 있기 때문에 그렇다. 상대가 자신보다 열등하다고 말하고 싶기 때문에 떠벌리고 다니는 것이다.

그래서 이야기의 상대가 착각에 빠져 있을 경우에 어떤 대응을 하면 상대의 코를 납작하게 할 수 있을지 그 구체적인 대응방법을 소개해 보겠다.

이 방법을 발견하게 된 것은 내 자신이 빼기고 다닐 때 상대가 매우 민감하게 반응해 주었기 때문이다.

내가 한 재즈 뮤지션과 이야기를 나눌 때의 일이었다.

어쩐 일인지 갑자기 '두 사람 중 누가 더 재미있는 일을 하고 있는지'가 화제로 떠올랐다. 뮤지션인가, 커뮤니케이션 트레이너인가 하는 것이다.

나는 이야기가 진행됨에 따라 '아무래도 내가 불리해졌는데.'라고 생각을 하게 되었다.

그래서 허세를 부려보기로 했다가 결국 이렇게 말하고 말았다.

'수입은 내가 절대로 많을걸.'

이에 대해 상대가 이렇게 말했다.

'내 벌이가 적은 것은 틀림없지만 나는 태어날 때부터 가난에는 익숙해.'

나는 뜨끔했다.

'그런 말을 하지 말걸.' 하고 생각했지만 이미 엎질러진 물이었다. 스스로 부끄러워져 쥐구멍이라도 들어가고 싶은 심정이었다.

누군가 '지금 외국에 간다.'라고 자랑하거나 '나는 차가 세 대나 있어.'라고 뻐기면 보통은 '정말 대단한데.'라고 대답한다. 그리고 그냥 부러워하거나 놀라는 것이 아니라 왠지 자신이 가볍게 보이는 것 같은 느낌을 받는다.

하지만 이 심리상태를 자랑하고 있는 사람에게 그대로 말하면 놀랍게도 상대는 갑자기 꼬리를 내리게 된다.

다시 말해 일부러 겸손하게 대하는 전법이다. 이 전법을 사용할 때 꼭 맞는 대사가 하나 있다.

바로 이렇다.

기본 패턴 '당신과 비교하면 나는 별거 아니다. 왜냐하면……'

단 비꼬는 말투는 안 된다. 진심으로 말하는 것 같은 느낌이 아니라면 효과가 없어진다.

상대가 자만에 빠져 있다면 당신은 일부러 고개를 숙여준다. 자신이 상대보다 훨씬 아래라고 표현해 보는 것이다.

구체적인 예를 들어보겠다.

> ◆ 상대 - 우린 이번 여름휴가 때 미국에 간다. 겨울엔 유럽이고.
> ● 당신 - 부럽네요. 우린 가까운 국내여행이 고작이에요.

당신이 이 정도로 저자세라면 아무리 신이 난 상대라도 설마 내년 해외여행 예정까지 말하지는 못할 것이다.

만약에 아무런 배려도 없이 내년 계획까지 떠벌린다면 착각이 지나친 사람이니 앞으로는 가능한 한 얼굴을 마주치지 않도록 한다.

 이 대응 패턴의 구체적인 예를 몇 가지 들어보겠다.

> ◆ 상대 - 집에 차가 세 대 있지만 역시 벤츠를 자주 타지.
> ● 당신 - 내 차는 벌써 10년이나 되었어. 덜컹거리지만 새 차를 살 형편이 아니야.

- ◆ 상대- 우리 아들이 주임으로 승진을 했어. 부하가 다섯이래.
- ● 당신- 우리 아들은 아직 평사원이야.

- ◆ 상대- 이 신형 오픈카 어때?
- ● 당신- 나는 그런 비싼 차 엄두도 못 내. 고물 차를 좀 더 타야 돼.

- ◆ 상대- 나는 샤넬 드레스만 입어.
- ● 당신- 좋겠다, 나는 동네 옷가게가 고작인데.

- ◆ 상대- 너, 그 콘서트에 갔었어?
- ● 당신- 아니, 티켓이 너무 비싸서 못 갔어.

- ◆ 상대- 나는 브랜드 양복이 아니면 안 입어.
- ● 당신- 나는 브랜드 매장 구경도 못 했어.

- ◆ 상대- 3만 원 이하인 와인은 마실 게 못 돼.

- 당신- 나는 2만원이 넘는 와인은 한 번도 사본 적이 없어.

◆ 상대- 너도 잘 알다시피 나는 인기가 많아.
- 당신- 나는 여자들이 상대도 안 해줘. 너처럼 핸섬하지 않거든.

◆ 상대- 어제 레스토랑에 갔는데 옆자리에 마돈나가 앉았어.
- 당신- 정말! 나는 연예인을 한 번도 본 적이 없어.

이와 유사한 말투로 스트레스가 쌓이는 '과격한 당신'에게는 다음과 같이 태연히 비꼬는 대답을 소개하겠다.

상대가 거만을 떨면 그것을 트집 잡는 것이다. '그 정도로 건방떨면 안 돼.' 라는 식의 태도로 되돌려주는 것이다.

예를 들어보겠다.

◆ 상대- 나는 영어는 물론이고 불어도 완벽해.

● 당신- 그래, 대단한데. 다른 건 더 못 해?

◆ 상대- 우리 가족이 얼마 전에 투숙했던 호텔의 욕실에 실은 독일제국 최후의 황제도 들어갔었대.

● 당신- 괜한 걱정이겠지만 그 뒤로 물은 갈았대?

8

나야 괜찮지만 너는 곤란할걸

이것은 당신이 타인에게 '우둔한 사람'이라는 말을 들었을 때 자신 스스로를 칭찬해 버리는 전법이다.

예를 들어보겠다.

◆ 상대 - 너는 친구로서 가치가 없어.

● 당신 - 그런 소리하면 나중에 후회할걸.

다시 말해 여기서의 당신은 '나는 대단하다.'라고 되돌려주는 것이다. 자신만만해지자. 자신이야말로 세상의 중심이라고 생각하는 것이다. 대장이다. 왕이다.

그렇기 때문에 당신은 '친구로서 가치가 없다.'라는 상대의 생각을 완전히 부정하고 '위대한 자신'과 친구가 아닌 사람은 '앞으로 후회하게 된다.'라는 말을 할 수 있는 것이다.

'누가 무엇이라고 하던 나는 대단해.'라는 식이니까 이제는 자포자기 상태라고 해도 좋을 것이다.

하지만 상대가 매우 실례인 말을 서슴없이 할 경우 당신도 그 정도의 자화자찬을 해야 겨우 균형이 맞을 것이다.

단, 당신 자신이 진짜 심한 나르시스에 빠질 필요는 없다. 이건 단지 '대인관계의 전략'에 불과하다. 당신을 비난한 상대에게 신랄한 비난을 되돌려주면 일단 성공이다.

당신 자신이나 당신의 물건을 무시했을 때도 마찬가지 대응이 가능하다.

예를 들어 이렇다.

◆ 상대 - 당신의 목소리는 꼭 사이렌 같네요.
● 당신 - 사이렌치고는 소리가 좋죠?

◆ 상대 - 당신의 집은 마치 돼지우리 같네요.

- 당신- 그럼, 이렇게 멋진 돼지우리를 몇 곳 더 알고 있겠군요.

이 '그럼, 당신은 멋진 ~을 몇 곳 알고 있겠군요.' 라는 표현은 기본 패턴으로 여러 상황에서 활용할 수 있다.

 이 응용 패턴의 구체적인 예를 들어보겠다.

자신(자신이 가지고 있는 것)을 노골적으로 칭찬하는 것이 포인트이다.

◆ 상대- 당신 같은 사람이 최근에 책을 한 권이라도 읽었을 리는 없겠죠?
- 당신- 네, 전혀. 저처럼 지식이 풍부한 사람은 책을 읽을 필요가 없어요.

◆ 상대- 다시 태어나도 남자로 태어나고 싶은가요?

- ● 당신- 네, 당연하죠. 단, 지금처럼 멋지다는 조건이 있다면요.

9
일부러 오해한 척하라

이 방법은 이야기의 필살법 중에서도 뛰어난 테크닉이다. 우선 구체적인 예를 들어보겠다.

- ◆ 상대 - 제 말이 빠른가요? 따라올 수 있어요?
- ● 당신 - 어디 가나요?

- ◆ 상대 - 그와 잤어?
- ● 당신 - 아니, 별로 안 졸렸어.

- ◆ 상대 - 나는 휘트니 휴스턴이 좋던데, 너는 누굴 좋아해?

● 당신 – 젊은 남자.

이 대응방법의 기본은 상대의 말을 일부러 틀리게 해석하는 것에 있다.

알아들은 말을 일부러 오해한 것처럼 대답한다.

단어란 대부분 두 가지 이상의 뜻을 지닌 다의(多義)어이므로 이 테크닉은 많은 상황에서 사용할 수 있다.

앞선 예에서 상대가 '따라올 수 있어?' 라고 물은 것은 당연히 '이야기 속도를 따라올 수 있느냐?' 하는 의미이지만 그것을 일부러 '어딘가에 간다는 이야기' 라고 오해하고 엉뚱한 대답을 한 것이다.

'누가 오해할 소지가 있는 말을 하지 않을까?' 하고 기다리면 누군가 꼭 맞는 말을 할 것이다.

단, 이런 대답을 할 때는 그때의 상황과 상대의 성격을 잘 파악하는 것이 중요하다.

　예를 들어 상대가 꼴 보기 싫은 사람이라면 엉뚱한 대답으로 상대를 화나게 해서 카운터펀치가 대성공이겠지만 상대에게 나쁜 감정이 없거나, 당신에게 감정이 상하지 않은 사람일 경우에는 이로 인해 거리가 생길 수도 있다. 상대가 유머를 아는 사람인지 어떤지를 판단하는 것이 중요하다. 잘못하면 친한 친구를 잃을 수도 있기 때문이다.

응용 ex 이 대응 패턴의 구체적인 예를 몇 가지 들어보겠다.
어디를 어떻게 오해했는지 나름대로 구체적인 예를 두세 가지 만들어 보아라.

◆ 상대— 진한 술을 좋아합니까?
● 당신— 아뇨, 가능하면 향신료가 안 들어간 게 좋습니다.

◆ 상대— TV 코드 좀 꽂아 주시겠어요?
● 당신— 어느 벽에 꽂을까요?

◆ 상대 - 우리 남편 밑에는 부하직원이 쫙 깔렸지요.
● 당신 - 남편이 공동묘지에 근무하나요?

◆ 상대 - 당신은 별로 크지 않네요.
● 당신 - 네, 어머니가 항상 "어서 커서 일해야지."라고 말씀하셨는데 그러기가 싫어서요.

◆ 상대 - 전기 배선도를 읽을 수 있어요?
● 당신 - 네, 조명만 밝다면요.

◆ 상대 - 꽤 빨리 도착하셨네요. 어떤 차를 타시나요?
● 당신 - 파란색 차예요.

4장

예리한 질문을 되치는 필살법

당신이 남들에게 당하는 공격에는 '비난' 뿐만이 아니라 '질문'도 있다. 1장에서 당신은 사람들에게 질문을 퍼붓는 방법을 배웠지만 여기서는 그것과 정반대 입장, 즉 질문을 받는 입장에서 어떻게 대응하면 좋을지를 익히도록 한다. 다시 말해 이번에는 당하는 측이 되는 것이다.

그렇지만 지금까지 이 책을 읽은 당신은 이미 되받아 칠 수 있는 기초가 완성되어 있다. 왜냐하면 1장에서 '상대'의 심리를 충분히 알았기 때문이다.

따라서 그 지식을 살려 질문자의 마음을 역으로 이용하는 대응을 하면 상대는 '상대가 안 되는군.' 하고 물러서게 될 것이고, 당신의 기분은 상쾌해질 것이다.

그럼 질문별로 대응책을 보기로 한다.

1
몇 가지로 답해 달라거나 부탁할 때

이것은 누군가에게 '~해 주세요.'라는 말을 들었을 경우로 대응방법은 매우 간단하다. 의뢰를 단칼에 거절하면 그만이다! 상대가 하라는 대로 해서는 안 된다.

 이 대응 패턴의 구체적인 예를 몇 가지 들어보겠다.

◆ 상대 - 왜 그 모임에 참석해야 하는지 이유를 세 가지만 말해 주세요.

● 당신 - 한 가지만 말하죠. 세 가지나 말할 필요는 없습

니다.

- ◆ 상대- 죄송하지만 의자를 오른쪽으로 좀 치워 주시겠어요.
- ● 당신- 저는 이대로가 좋습니다. 아주 편하거든요.

- ◆ 상대- 실패라니 그게 무슨 뜻이죠?
- ● 당신- 스스로 생각해 보십시오.

단 상대의 부탁이 자신에게도 유익한 경우에는 그대로 따른다.

앞의 상황을 빌어 예를 들면 이렇다.

- ◆ 상대- 죄송하지만 의자를 오른쪽으로 좀 치워 주시겠어요.
- ● 당신- 알겠습니다. 그렇게 하는 것이 편하겠군요. 신경 써주셔서 감사합니다.

2
양자택일을 권유할 때

상대로부터 양자택일을 권유하는 질문을 당해도 걱정할 필요가 없다. 그런 선택폭 따위는 가볍게 무시하면 그만이다.
상대의 질문과 상관없이 자신의 생각을 있는 그대로 전하면 충분하다.

◆ 상대 - 계란을 하나 드릴까요, 두 개 드릴까요?
● 당신 - 아니오, 필요 없습니다.

❸ 유도 신문을 할 때

상대가 어떤 식으로 물었던 간에 거기에 현혹되지 말고 자신의 의견을 확실히 말하는 것이다.

상대의 의도대로 대답을 해서는 안 된다.

◆ 상대- ○○○에게 생일 선물을 하는 것이 좋지 않아?
● 당신- 그것은 각자가 정할 일이라고 생각해.

4
말의 의미를 물을 때

'~라는 말이 어떤 의미라고 생각하나요?' 라는 질문을 당한 경우로, 그런 질문에 당신은 머리를 짜낼 필요가 없다.

가장 좋은 방법은 역으로 상대에게 대답을 하게 만드는 것이다.

구체적으로는 역으로 반문해 보면 된다.

 이 대응 패턴의 구체적인 예를 들어보았다.

◆ 상대 - 속인다는 것이 무슨 의미입니까?

● 당신- 당신은 어떤 의미라고 생각하죠?

◆ 상대- 지금까지 당신은 한 번도 성공한 적이 없었네요.

● 당신- 성공이란 것을 어떤 의미로 말하는 거죠?

5
넘겨짚을 때

당신은 지금 업무로 인해 신경이 곤두서 있고, 그런 당신에게 누군가 이렇게 말했다고 가정해 보자.

'당신은 일을 즐겁게 하는 데 무슨 비결이라도 있나요?'

이럴 때 상대에게 맞추어 대답할 필요는 없다. 상대는 '마음대로' 당신이 즐겁게 일을 하는 것으로 상상하는 것뿐이다.

실제로 당신이 짜증이 나 있다면 자신의 기분을 솔직하게 말하면 그만이다.

다시 말해 이렇다.

'특별히 일이 즐겁지 않아요.'

'즐거운 이유'를 억지로 만들어내어 대답을 하면 앞으로도 계속 거짓말을 해야 한다. 그러고 싶지는 않을 것이다?

- ◆ 상대- 이 CD의 어떤 점이 재미있나요?
- ● 당신- 별로 재미없습니다.

- ◆ 상대- 당신은 업무가 순조로운데 이유가 뭐죠?
- ● 당신- 당신만큼은 순조롭지 않아요.

6

독단적으로 단정할 때

예를 들어 '당신의 말을 아무도 이해를 못 했어요. 좀 더 알기 쉽게 말할 수 없어요?' 라고 비난당했을 경우 어떻게 대응하는 것이 좋을까?

필승의 역습방법이 있다. 우선 상대의 비난을 부정하고 질문을 덧붙이는 것이다.

구체적으로 이렇다.

◆ 상대— 당신의 말을 아무도 이해를 못 했어요. 좀 더 알기 쉽게 말할 수 없어요?

● 당신— 당신을 빼고는 모두가 잘 이해했어요. 어째서

당신만 못 알아듣죠?

이 대응방법의 포인트는 '당신을 빼고는 모두가 잘 이해했어요.' 바로 다음에 '어째서 당신만 못 알아듣죠?'라고 말하는 것이다.

이 반문에 의해 당신은 '당하는 측'에서 '상대'로 바뀌게 된다. 그다음은 상대가 이것저것 생각할 것이다.

응용 ex 이 대응 패턴의 구체적인 예를 들어보겠다.
우선 상대의 비난을 확실히 부정한 후 질문을 던지는 것이다.

◆ 상대 – 그런데 아무도 흥미가 없어. 어째서 당신만 그렇게 관심을 보이지?

● 당신 – 당신은 그렇게 생각할지 모르지만 다른 사람은 달라. 제대로 듣지 않은 것 아냐?

◆ 상대 – 내가 보니 당신네 회사는 기울고 있는 것 같아.

● 당신 - 절대로 그렇지 않아. 왜, 일부러 그런 오해를 하지?

또 '단정적인 발언' 다음에 추측, 상상이 섞인 질문을 당했을 경우에는 앞부분의 '단정적인 발언'의 부분을 공격하면 잘 풀릴 것이다.

구체적으로 이렇다.

◆ 상대 - 당신의 설명을 듣는 것은 시간낭비네요. 좀 더 모두의 흥미를 끌 만한 얘기는 없나요?
● 당신 - 당신은 무엇이든 이해가 안 가면 바로 흥미를 잃는 사람이군요.

7
한마디 던지고 대답을 기다릴 경우

　예를 들어 상대가 '결혼한 지 4년이 되었죠?'라고 묻고 아무 질문도 하지 않았다고 하자.
　당신은 속이 좋고 나약한 성격의 사람이라면 4년 동안의 결혼생활과 현재의 생활까지 이것저것 얘기하겠지만 잘 생각해 보면 상대는 아무런 질문을 하지 않았으므로 대답할 필요가 없다.
　이런 경우에는 상대가 질문을 하도록 종용하면 그만이다.
　다음과 같은 말을 상대에게 던져 보아라.

- 그래서요?

- 질문을 빨리 해주세요!
- 네, 말씀하신 대로입니다.(대답하고 상대의 눈을 뚫어지게 바라보면 상대가 '무언가 말하지 않으면' 이라고 생각하게 된다.)

8
'만약~' 의 질문을 당했을 때

'만약 ~라면' 하고 하는 것이니 그 상황은 아직 이루어지지 않은 것이다.

그런 현실성이 떨어지는 질문에는 고민할 필요가 전혀 없다. '만약 ~' 의 내용을 일체 무시하는 것이다.

- ◆ 상대- 만약 이사를 한다면 어디가 좋을까요?
- ● 당신- 현재로서는 이사 계획이 없으니 그 질문은 무의미하네요.

9
동시에 여러 질문을 받았을 때

　당신의 머리가 둘이 아닌 이상 일단 하나의 질문에 집중하면 그만이다.
　다시 말해 '처음 질문에 대답하겠습니다.'라고 말하고 답변하는 것이다. 그러고 나서 '두 번째 질문을 다시 한 번 말씀해 주시겠어요?'라고 상대에게 하는 것이다. 정말로 대답이 듣고 싶다면 반드시 두 번째 질문을 반복해 줄 것이다.
　두 개 이상의 질문을 모두 염두에 두려면 스트레스만 쌓일 뿐이다. 그런 어리석은 짓은 그만두고 하나씩 착실하게 대답하면 충분하다.

- ◆ 상대 - 이제 얼마나 더 가면 경주에 도착하지?, 관광부터 할까?, 저녁은 어디서 먹지?
- ● 당신 - 도착 예정시간은 3시야. 다음에 무엇이라고 했지?
- ◆ 상대 - 바로 관광할지 어쩔지를 물었어?
- ● 당신 - 피곤한데 그만둘래. 그다음은 무엇이었지?
- ◆ 상대 - 응, 저녁식사.
- ● 당신 - 매번 가던 식당으로 가지.

10

답변을 얼버무릴 경우

　미국의 영화배우 아놀드 슈왈츠제네거가 이 방법의 달인이다.
　그는 독일과 스위스에 레스토랑을 열 때, 신문기자로부터 '레스토랑 경영을 좋아하나요?' 라는 질문을 받았는데 아놀드는 이렇게 대답했다.
　'실은 제가 레스토랑에 대해 획기적인 아이디어를 착안했습니다. 즉, 영화에서 사용한 소품이 보통은 창고에서 먼지투성이가 되기 십상이지만 그런 것들을 세계 각국의 레스토랑 인테리어로 사용하면 재미있을 것이라고 생각했습니다. 미국인은 유럽이라고 하면 런던, 파리, 베를린 정도밖에 잘 모르지만

우리 레스토랑은 유럽 대도시 전부에 진출할 예정입니다…….'

다시 말해 그는 '레스토랑 경영을 좋아하는가?' 하는 질문에는 한마디도 대답하지 않고 이야기를 점점 다른 방향으로 끌고 나간 것이다. 엉뚱한 대답을 한 것만이 아니라 인터뷰 기회를 이용해 자신의 레스토랑을 선전한 것이다.

다른 예를 들어보겠다.
프랑스에서 있었던 일이다.
한 정당 의원이 밤 뉴스의 캐스터로부터 이런 질문을 받았다.
'당신은 당 총재 교체에 찬성합니까, 반대합니까?'
질문을 받은 의원은 이렇게 대답했다.
'우리 총재는 제 제안을 완벽하게 이해하고 있고 당의 인사 혁신이 필요하다는 것도 잘 알고 있습니다. 또한 젊은 세대를 지도부에 도입해야 한다는 것도 느끼고 있습니다. 우리 당은 그 외의 변화도 준비 중이고…….'
이 의원도 '엉뚱한 대답'의 명인이다.

총재 교체에 대한 자신의 의견은 말하지 않은 채 다른 이야기를 전개했다. 원래는 이런 아무 관계도 없는 대답을 듣게 되면 질문한 입장에서는 기분이 나쁘겠지만 실제로 질문자 80%는 이런 대답에 만족한다고 한다.

질문을 받는 것이 배우나 정치가가 아니라도 마찬가지이다. 따라서 당신도 이 전법을 바로 활용해 보기 바란다.

상대의 질문에 대답하기 싫을 경우 다음의 세 가지 방침에 의거해 이야기를 진행시키는 것이다.

1. 질문 속에서 키워드 하나를 선택한다. 그것에 대해 당신의 의견을 마음대로 이야기한다.

2. 끝없이 계속해서 이야기를 한다. 한순간도 멈추지 마라.

3. '질문과 전혀 관계가 없다고 말할 수 없지만 직접적인 관계는 없는 일'을 계속 말한다. 이 발언은 모두 자신에게 유리한 주장인 것이다.

이때 중요한 포인트는 계속해서 이야기를 해 질문자가 말을 끊지 못하게 하는 것이다.

당신의 길고 긴 이야기를 다 듣고 난 후 질문자는 다시 질문을 할 기력이 남아 있지 않다.

 이 대응 패턴의 구체적인 예를 들어보겠다.

◆ 상대 - 이번 대전(對戰)에서 진 기분이 어떻습니까?
● 당신 - 이번 대전에는 충분한 준비를 하였습니다. 현재 수준이라면 누구나 우리 팀(내가)이 얼마 안 가 챔피언이 될 것이라고 생각하겠죠?"

다음으로, 대답을 회피하는 데 좋은 표현 두 가지를 소개하겠다.

무언가 불쾌한 질문을 당하거나 하면 둘 중 한 대사를 꺼내는 것이다. 그다음은 물론 당신 마음대로(하지만 질문과 관계가 있는 이야기를) 끝없이 이야기하는 것이다.

● 흥미로운 질문이군요. 그 대답을 하기 전에 한 가지 마음

속에 새겨둘 일이 있는데 그것은……．

● 말씀하시는 것은 잘 알고 있습니다만 문제가 좀 복잡해서, 당신도 잘 알고 계시다시피……．

11

세세하게 답변을 하지 마라

    1996년 미국 대통령 선거에서 민주당 클린턴과 공화당 보브 돌 후보가 TV토론 때 있었던 일이다.
    돌 후보는 클린턴에게 이렇게 말했다.
    '많은 미국 사람이 당신 정권에 대한 신뢰를 잃었습니다. 매일같이 스캔들만 일으키니까요.'
    클린턴은 이 비난을 무시하고 한 수 높은 테마를 꺼냈다.
    그는 이렇게 대답했다.
    '서로 공격만 하는 것은 무의미합니다. 그런다고 실업문제가 해결되지 않고 교육제도도 개선되지 않습니다. 중요한 문제가 하나도 해결되지 않습니다.'

그야말로 천재적인 대답이다.

클린턴은 매우 중요한 국가적 문제를 끌어냄으로써 상대의 공격을 가볍게 물리쳤던 것이다.

어떤 일이든 한 단계 위가 있다.

만약 비난을 당하면 당신은 이렇게 고차원적인 이야기를 하면 그만이다. 그렇게 하면 당신에게 쏟아지던 비난과 의문은 전혀 문제가 되지 않게 된다.

> **key point**
> 질문에 세세한 신경을 쓰지 않고 테마를 고차원으로 끌고 가버린다.

가정에서도 마찬가지로 쓸 수 있다.

예를 들어 남편이 '집사람의 요리는 시간이 너무 걸려.' 라는 생각이 들었다고 하자. 그리고 어느 날 드디어 폭발하여 '좀 더 빨리 만들 수 없어?' 라고 부인에게 불만을 터뜨렸다고 하자.

그 말을 들은 부인이 생각해야 할 것은 '요리에 걸리는 시간보다 중요한 것이 무엇인가?' 이다.

그것은, 예를 들어 요리의 맛이라는 생각이 들면 바로 이렇게 대답할 수 있다.

"그럼 맛있는 요리를 먹고 싶지 않아요?"

즉, 빠르고 맛없는 요리보다 시간이 걸려도 맛있는 요리가 낫다는 이야기이다.

이야기를 고차원으로 끌어올리는 데 유효한 표현 세 가지가 있다.

한 가지만 기억해 둔다면 예리한 질문을 당했을 경우 편리하다.

- 당신 말씀이 맞습니다만 그보다 중요한 것이 있습니다. 그것은……
- 그것은 별거 아닙니다. 더 중요한 것은…….
- 지금 질문보다 중요한 것은…….

12
비난은 무시하고 사실만 확인하라

이것은 베르크한의 저서 "화나는 말에 대한 특효의 대응방법"에서 소개된 방법이다.

우선 이런 상황을 생각해 보자.

항시 마음에 들지 않는다고 생각했던 사람으로부터 이런 소리를 들었다.

'자넨 정말 차림새가 형편없군.'

이 한마디에 당신은 피가 거꾸로 솟게 된다.

하지만 꾹 참고 다음 대사를 던지게 되면 마음에 들지 않던 녀석의 콧대를 꺾을 수 있다.

그 대사는 다음과 같다.

'그래? 자네가 내 복장 걱정을 다 해주는군.'

당신이 이렇게만 말하면 화제는 '당신의 복장'에서 '상대의 걱정'으로 바뀌게 된다. 복장 이야기 따위는 연기로 사라지게 된다. 상대는 이 의외의 전개에 움찔하게 된다.

다시 말해 이렇다.

> **key point**
> 상대가 당신에게 독설을 던지면 전혀 신경을 쓰지 말고 상대의 상태와 기분을 그대로 이야기 하면 된다.

이 대응방법은 상대의 목소리가 커지거나 거칠어질 때 특히 효과가 있다.

또한 이야기가 개인을 공격하는 경우에도 강력한 파워를 발휘한다.

 이 대응 패턴의 구체적인 예를 몇 가지 들어보았다.
상대의 상태와 기분을 그대로 이야기하는 것이 중요하다.

- ◆ 상대 - 자넨 좀 더 머리를 쓰는 게 좋겠어.
- ● 당신 - 내가 아무 생각도 하지 않는다고 생각하는 것 같군.

- ◆ 상대 - 당신이 하는 말은 전혀 근거가 없어.
- ● 당신 - 제가 하는 말이 마음에 들지 않는 것 같군요.

- ◆ 상대 - 자넨 살이 너무 쪘어.
- ● 당신 - 제 건강을 걱정해 주시는군요.

이 외에도 편리한 표현이 몇 가지 더 있으니 일상 속에서 사용해 보기 바란다.

- ● 당신은 너무 흥분하셨군요.
- ● 당신은 이것저것 신경을 써주시는군요.
- ● 당신은 지금 화가 나 있군요.
- ● 당신은 의심하고 있군요.

⑬ 답변 전략 총정리

지금까지 절묘한 '답변방법'을 여러 가지 소개했다.

여기서 일단 어떤 대응방법이 나왔는지 나열해 보겠다. 그 중에서 당신의 마음에 드는 방법을 5가지만 선택해서 200페이지의 빈칸에 적어 본다.

그 5가지를 마스터하면 앞으로 누구에게 무슨 소리를 들어도 냉정하게 대응할 수 있다.

상대로부터 비난당해 화가 날 경우에도 구체적인 역습방법이 바로 머릿속에 떠오르게 될 것이다. 인간관계에 자신이 생기게 되어 마음이 넓어진다. 그 결과 안심하고 사람들과 접촉하게 될 것이다.

그럼 시작해 보겠다.

다음 리스트 중에서 5개이다. 가벼운 마음으로 해보자. '이런 것은 싫다.'라고 생각하거나, '나는 이 전법을 쓰지 못하겠다.'라고 생각한다면, 하지 않으면 그만이다.

그리고 '이 방법은 마음에 들지만 구체적인 방법을 잊어버렸어.'라는 경우에는 답변에 대한 설명(2장~4장)으로 돌아가 확인해 주기 바란다.

〈 한마디로 상대를 쓰러뜨릴 역습법 〉

- '그것은 당신 생각이죠.'라고 되받아 친다.
- '그런 착각이 당신의 결점이에요.'라고 대응한다.
- '앞으로 달라지겠죠.'라고 말하고 문제를 미래로 돌린다.
- '중요한 것은 그게 아니라 ~입니다.'라고 말해 의문점을 바꾼다.
- 상대의 능력을 의심한다. 예를 들어 '전문가 외에는 모를 것이다.'라고 잘라 말한다.
- 상대의 비난을 처음부터 부정한다. 예를 들어 '결점이

무엇이죠?' 라고 물어도 '결점 따위는 없어요.' 라고 대답한다.
- 역으로 질문한다. 이렇게 하면 본래는 '질문 당하는 입장' 이었던 당신이 역으로 상대에게 질문하는 입장이 된다.

〈 주된 반문방법의 4종류 〉

1. 어떡하면 좋을지를 묻는다. 예를 들어 '그런 건 믿을 수 없어요.' 라는 말에 '어떡하면 믿을 수 있겠습니까?' 라고 반문한다.

2. 상대의 생각을 묻는다. 예를 들어 '말투가 형편없어.' 라고 비난당하면 '어떻게 말하는 것이 바른 말투인가요?' 라고 따진다.

3. 내용을 자세히 묻는다. 상대는 자세히 설명하려고 필사적이 된다.

4. 같은 질문을 되묻는다. '뭐 하는 겁니까?' 라고 물어오면 '뭐 하는 것 같아요?' 라고 반문한다.

● 상대에 대한 질문으로 바꾼다. 예를 들어 상대가 '만약 이 회사에서 잘리면 어떻게 할 거야?' 라고 물어도 '자네가 이 회사에 들어온 게 언제였지?' 라고 상대에 대해 질문을 한다.
● 일부러 되묻는다. 예를 들어 무언가 질문을 당하면 '네? 무엇이라고요?' 라고 되물어 질문이 잘 안 들리는 척하여 상대가 질문을 반복하는 사이 대답을 생각한다.

〈 유머가 넘치는 되치기 〉

● 비난당하면 오버하여 동의를 해 상대를 놀라게 한다. 예를 들어 상대로부터 '자넨 정말 술을 잘 마시는군.' 이라는 소리를 들으면 '그래, 너는 잘 안 마시나 보지?' 라고 답변한다.

- '덕분에…….' 라고 말한다. 예를 들어 '당신은 너무 말랐어요.' 라는 말을 들었을 때는 '덕분에 좋아하는 것을 마음껏 먹을 수 있습니다.' 라고 대답한다.

- 엉뚱한 답변을 한다. 예를 들어 상대가 신중한 말투로 '대체 지금 무슨 생각을 하고 있는 거야?' 라고 물으면 '슈퍼에서 스파게티가 얼마였나? 해서.' 라고 진지한 얼굴로 대답한다.

- 사실과 반대 상황을 과장해서 말한다. 실례로서는 마이클 잭슨의 인터뷰는 실현되지 않았지만 게스트는 '훌륭한 인터뷰였습니다.' 라고 말했다.

- '~와 비교하면 나아.' 라고 말한다. 예를 들어 '당신은 수전노네요.' 라는 소리를 들으면 '돈을 물 쓰듯 써서 파산하는 것보다는 나아요.' 라고 대답한다.

- '당신이랑 똑같네!' 라고 한다. 예를 들어 상대가 '이 풍선 잘 늘어나네요.' 라고 하면 곧 바로 '당신과 똑같네요.' 라고 확실히 말한다.

- 뻐기는 사람을 조용히 시키기 위해서는 당신이 일부러 저자세로 나간다. 예를 들어 상대가 '3만 원 이하인 와인은 마실 게 못 돼.' 라고 거만을 떨면, 당신은 '나는 2만

원이 넘는 와인은 한 번도 사 본 적이 없어.'라고 진지하게 대응한다.
- '나는 상관없지만 당신은 곤란해져.'라는 의미의 말을 한다. 예들 들어 '당신은 내 친구로 삼을 가치가 없어.'라는 소리를 들으면 '그런 소리하다 나중에 후회할걸.'이라고 말해 준다.
- 상대의 말을 일부러 오해한다. 예를 들어 상대가 '내 이야기가 빠른가요? 따라올 수 있겠어요?'라고 물으면('따라올 수 있습니까?'라는 말을 일부러 오해한 것처럼) '어디 가시나요?'라고 반문한다.

〈 예리한 질문을 되치는 필살법(4장에서 소개) 〉

- 몇 가지로 답해 달라거나 부탁을 받아도 확실히 거절한다.
- 양자택일을 권하는 질문을 해도 그런 선택의 폭은 무시하고 자신이 생각한 대로 대답하면 그만이다. 예를 들어 '계란을 하나 드릴까요, 두 개 드릴까요?'라고 물어도 (먹고 싶지 않을 때는) '필요 없어요.'라고 대답한다.

- 유도 신문을 당해도 당황하지 말고 자신의 의견을 확실히 말한다.
- 말의 의미(정의)를 물으면 역으로 상대에게 대답하게 만들면 그만이다. 예를 들어 "'속인다.' 라는 것이 무슨 의미죠?" 라고 물으면 '당신은 어떻게 생각하나요?' 라고 되묻는다.
- 마음대로 추측하고 질문할 경우, 예들 들어 당신이 음악을 좋아하는지 아닌지 모르는 사람에게서 '당신은 음악의 어떤 점이 좋습니까?' 라는 질문을 받으면 '별로 음악을 좋아하지 않아요.' 라고 대답한다.
- 독단적으로 뭔가 한마디 한 후 질문을 할 경우, 예를 들어 '당신은 말을 못 알아들었어요. 어째서 좀 더 알기 쉽게 말 못하는 거죠?' 라고 비난하면 '당신 이외의 사람들은 모두 알아들었어요. 어째서 당신만 못 알아듣는 거죠?' 라고 반문한다.
- 상대가 무언가 말을 던진 후 당신의 대답을 유도하려 할 때, '그래서, 질문이 무엇이죠?' 라고 되묻는다. 인심 좋게 이것저것 대답할 필요가 없다.
- '만약 ~의 질문' 을 당해도 가정의 질문이므로 대답할

필요가 없다. 구체적으로는 '실제로 그렇지 않으므로 그런 질문은 무의미하다.'라고 잘라 말한다.

- 두 개 이상의 질문을 당하면 우선 첫 질문에 대답한 다음 '두 번째 질문이 무엇이었지?'라고 물으면 그만이다.

- 엉뚱한 대답을 한다. 구체적으로는 질문 속에 들어 있는 말 중에 한 가지만 골라 그것에 대한 자신의 의견을 끝없이 말한다.

- 세세한 것은 대답하지 않고 테마를 고차원으로 바꾼다. 예를 들어 '당신이 하신 말씀이 맞습니다만 더욱 중요한 것이 있습니다. 그것은…….'이라는 식으로 대답을 시작한다.

- 상대가 당신에게 독설을 퍼부어도 그런 것은 신경 쓰지 말고 상대의 상태와 기분을 있는 대로 이야기한다. 예를 들어 '자넨 복장이 형편없군.'이라고 하면 '자네가 내 복장 걱정을 다 하네.'라고 말한다.

〈 당신이 좋아하는 5가지 대응 패턴 〉

지금까지 나온 답변방법에서 당신이 고른 5가지를 다음 빈칸에 적어 본다.

1.
2.
3.
4.
5.

이 5가지를 지금부터 머릿속에 기억해 둔다. 이 5가지 수단이 반사적으로 머릿속에 떠오르게 되면 상대를 이길 수 있을 것이다. 이 방법을 사용해 바로 공격을 할 수 있기 때문이다.

5장

대화를 유리하게 진행시키는 6가지 요령

세상에는 말을 잘하는 사람이 있다. 특별한 내용이 아니더라도 주변의 사람들이 감동하는 언변을 가진 사람도 있고, 다른 사람이 말하면 전혀 재미없는 이야기라도 그 사람이 말하면 묘하게도 우습게 들리는 경우가 있다. 정말 부럽다.

무슨 비결이 있는 것인가? 실은 있다. 작은 것이지만 '아는 것과 모르는 것이 엄청난 차이가 나는 비결'이 몇 가지 있다.

이 장에서는 그런 비결 중에서도 대표적인 것 6가지를 소개하겠다.

모두가 단순한 비결이지만 듣고 보면 '과연!' 하는 생각이 들 것이다. 당신도 이 비결을 기억했다가 '말을 잘하는 사람'으로 변신해 보아라.

1

당신이 아까 말했듯이······.

　이것은 말하자면 '칭찬하는 테크닉'이다.
　예를 들어 이런 광경을 상상해 보자.
　당신이 누군가와 이야기를 나누고 있다.
　그 사이 당신이 이렇게 말했다.
　'앞으로 생산율이 계속 떨어질 거예요.'
　그리고 이야기는 계속된다.
　그런데 10분 정도 지나 상대가 갑자기 이런 말을 한다.
　'아까 좋은 지적을 하셨습니다. 앞으로 생산율이 계속 떨어진다고 말입니다.'
　이런 말을 들었을 때 당신의 기분은 어떤가? 자신이 한 말을 상대가 기억해 주었다. '내 발언을 높이 평가해 주었다!' 아마 이렇게 생각할 것이다.

타인이 자신의 말을 기억해 주는 것은 그리 흔한 일이 아니라서 당신은 자존심이 살아나 상대에게 좋은 인상을 갖게 된다.

이것을 역으로 이용하는 것이다. 상대의 자존심을 띄워주면 상대는 당신을 소중하게 생각하게 될 것이다.

> **key point**
> 이야기 중에 상대가 한 말을 잘 기억해 두었다가 나중에 '~라고 하셨지요? 라고 말한다. 그러면 상대의 자존심이 세워진다.

누구나 자신이 한 말을 상대가 확실히 기억하고 마음에 담아 둔다면 기뻐한다.

이 전략은 다른 순간에도 쓸 수 있다. 당신이 누군가와 언쟁을 하고 있을 때도 그렇다.

당신은 상대와 대화를 나누고 있지만 왠지 이야기가 어긋난다. 때때로 서로 아무 말도 하지 않는다. 분위기가 삭막해져 어디론가 도망치고 싶어진다. 그런 분위기가 싫어 누군가가 먼저 말을 꺼낸다.

이런 때는 상대가 한 말을 요약해서 말해 보기 바란다. 험악한 분위기가 점점 누그러져 이야기 전체가 부드러워질 것이다.

상대의 말을 반복하는 것은 친근감을 더해 주는 효과적인 방법이다. 상대가 말하는 것을 귀 기울여 듣고 내용을 확실히 이해하도록 한다.

상대의 말을 인용할 때 결정적인 문구를 두 가지 소개하겠다.

- 당신이 아까 말했듯이…….
- 당신이 한 말 중에 틀림없이…….

2
갑자기 생각난 것은 말하지 마라

가끔 토론이나 교섭 중에 갑자기 생각난 말을 그 자리에서 이야기하는 사람이 있는데 그런 말은 상대에게 제대로 전달되지 않는다. 전달되기는커녕 '이 사람 엉뚱한 소리를 하는군.' 이라고 생각하기 십상이다.

key point
설명 중에 다른 생각이 떠올라도 그것을 절대로 말하지 마라.

당신은 미리 말하고자 했던 것만 말하면 된다. 그 자리에서 생각난 것까지 말해 버리면 당신의 설명은 정리가 안 되어 지겨운 이야기가 되기 십상이다.

3
'하지만'은 금물이다

 TV나 잡지 등의 여러 조사에 의하면 '하지만', '그러나'라는 말을 상대가 입에 담으면 누구나 반발심을 느낀다고 한다. 그중에는 진땀을 흘리거나, 심장박동이 빨라지는 사람도 있다고 하니 매우 중요한 말이다. '하지만'이라는 말이 생리적인 거부반응을 일으켜 반항심에 불을 지피게 되는 것이다.

 따라서 '하지만'이라는 말을 입에 담는 순간 상대와 거리가 생겨서 상대는 조용히 적대감을 품게 되는 것이다. 그리고 상대는 반드시 복수의 칼을 들이대게 될 것이다.

 예를 들어 이렇다.

 '그것은 네 생각에 불과해. 네가 틀렸다는 것을 지금부터

설명하지.'

그럼, 어떻게 하는 것이 좋을까? 간단하다. '하지만' 이라는 말을 쓰지 않으면 된다. 반론을 하고 싶으면 그냥 자신의 주장을 펼치면 된다.

예를 들어 '나는 제 시간에 왔습니다. 하지만 당신은 키를 가지고 있지 않았습니다.' 라고 말하지 말고 '나는 제 시간에 왔습니다. 당신은 키를 가지고 있지 않았습니다.' 라고 말하면 된다.

'하지만' 이라는 말을 쓰지 않으면 상대는 반항적이게 되지 않는다. 그리고 당신의 의견에 귀를 기울이게 될 것이다.

여기 몇 가지 구체적인 예를 들어보겠다. 참고해 주기 바란다.

처음 문장은 '하지만', '그러나' 를 쓴 것이고 다음 문장은 그런 말들을 뺀 것이다.

- 당신은 글씨를 빨리 쓰네요. 하지만 틀린 글씨도 많군요.
- → 당신은 글씨를 빨리 쓰네요. 틀린 글씨가 없다면 더 좋겠어요.

◆ 오른쪽 사람- 창문을 열고 싶으신 것 같네요.
　　　　　　저는 지금 이대로도 너무 추워서…….

● 창문을 열고 싶어 하시는 것 같지만, 저는 지금 이대로도 너무 추워서…….
→ '창문을 열고 싶으신 것 같네요. 저는 지금 이대로도 너무 추워서…….

- 저희 차를 당신의 주차장에 세웠지만, 실은 제 처가 다리가 불편해서요.
→ 저의 차를 당신의 주차장에 세웠습니다. 실은 제 처가 다리가 불편해서요.

- 이 기계는 훌륭한 성과를 올렸습니다. 그러나 전압은 생각보다 낮았습니다.
→ 이 기계는 훌륭한 성과를 올렸습니다. 제 생각으로는 전압이 좀 낮습니다.

4
대답이 끝나면 시선을 돌려라

당신이 몇 명으로부터 질문을 당하는 입장이라고 하자. 그럴 때는 한 사람의 질문에 대답을 하고 바로 그 사람으로부터 눈길을 돌리는 것이 포인트이다.

만약 눈길을 돌리지 않으면 '질문을 더 해주세요.' 라고 재촉하고 있는 것으로 착각할 수 있다.

또 그 질문자가 예리한 사람이라면 질문이 반복될수록 당신은 궁지에 몰릴 수도 있다.

역으로 말하면 눈길을 돌려서 '다음 질문' 을 막는 것이 된다. 그런 눈의 움직임이 '다른 분, 질문 없나요?' 라고 말하는 것과 똑같다. 앞서 질문한 사람이 당신의 눈길을 되돌리려면 엄청난 에너지가 필요하다.

단, 답변을 하는 동안에는 질문한 사람의 눈을 똑바로 쳐다보는 것이 중요하다. 그렇게 하면 당신의 답변이 한층 힘이 있어져 상대의 인상에 강하게 남을 것이다. 그리고 답변이 끝나면 다른 곳으로 눈길을 돌린다. 말하자면 '외면' 하는 것이다.

이 '눈길을 돌린다.'는 반드시 하지 않으면 안 되는 것은 아니지만 하는 것이 질문자에게 효과가 좋다. 그 사람이 두 번째 질문을 하는 것은 상당한 에너지가 필요하기 때문이다.

확실히 깨끗한 방법이라고는 할 수 없지만 당신은 그 뒤 그 사람의 질문으로 고민할 필요가 없고 또한 자신의 주장을 인상 깊게 상대에게 전달할 수도 있다.

5
어조(語調)에 주의하라

같은 말을 하더라도 방법에 따라 상대가 받는 인상은 매우 다르다. 여기서는 특히 주의할 두 가지를 들어보았다. 가끔 생각날 때마다 연습해 보아라.

1. 큰 소리로 확실하게 말한다.
2. 천천히 말한다. **빠른 말은 금물.**

'그거야 당연하잖아!' 라고 할지도 모르겠지만 시험 삼아 자신의 목소리를 테이프에 녹음해서 들어본다. 지금까지 깨닫지 못했던 의외의 특징과 결점을 알게 될 것이다. 꼭 한 번 해보기 바란다.

❻ 전화를 잘하는 비결

현대 생활에서는 업무에서나 사생활 면에서도 전화는 매우 중요한 연락수단이 되고 있다. 특히 휴대폰의 보급은 전화의 중요성을 크게 확산시켰다고 할 수 있다.
따라서 전화 통화에 약한 사람은 매우 손해를 보게 된다.
여기서는 전화 통화를 잘하는 방법, 전화를 잘 이용하는 방법을 설명해 보기로 한다.

수화기는 가능한 한 벨이 세 번 울리기 전에 받도록 한다. 전화를 건 사람은 그 이상 기다리게 되면 짜증이 나기 때문이다. 또한 통화중에 상대를 기다리게 할 경우에도 1분이 한계이다. 미리 '조금 기다리셔야 하는데 괜찮으시겠습니까?' 라고 물어 보자. 이것이 기본적인 에티켓이다.

본인이 이야기할 때는 친절하고 부드러운 목소리에 신경을 쓴다. 수화기에 대고 큰소리로 이야기해서는 안 된다. 그러면 이야기의 내용을 잘 전달할 수 없게 된다.

이야기를 하기 전에 한번 미소를 지어본다. 마음이 편해져서 목소리까지 부드러워질 것이다.

전화통화 중의 자세에도 주의한다. 자세는 목소리에 영향을 주기 때문이다. 허리를 펴고 앉거나 똑바로 서서 말하는 것이 좋다.

그리고 가끔씩 상대의 이름을 넣어서 이야기한다. 그러면 상대를 중요하게 여긴다는 것이 전달된다.

예를 들어 교섭이나 상담이 성립되지 않더라도 당신의 호감도는 올라갈 것이다.

다음으로 말투인데 '듣자 하니', '아마도' 라는 식의 애매한 말은 가능한 피한다. 그리고 '불가능한 것' 을 말하지 말고 '자신이 가능한 일' 만을 강조하는 것이다.

예를 들어 '이번 주 금요일까지는 절대로 불가능합니다!' 라고 말하지 말고 '여러 가지 조정해 본 결과 다음 주 월요일이면 가능합니다.' 라는 식이다.

역으로 상대의 이야기를 듣는 입장이라면 '네.', '예예.' 라는 말을 한다.

단, 상대 이야기의 템포를 끊지 않도록 해야 할 것이다. 이야기가 복잡해지면 내용을 확인하면서 대화를 진행한다. 그렇지 않으면 생각지 못한 오해가 생길 가능성도 있다. 그리고 이야기가 길어지면 메모를 하는 것도 중요하다.

자신 이외의 사람에게 걸려온 전화로 그 사람이 부재중일 때는 그 이유를 말해서는 안 된다.

예를 들어 '병이 나서' 라든가, '지금 점심시간이라서' 라고 말하는 것은 좋지 않다.

이러한 상황에서 가장 좋은 대응은 예를 들어 이렇다.

'○○○ 씨는 지금 부재중입니다. 돌아오면 전화하도록 하겠습니다. 언제쯤이 좋을까요?'

당부의 말

　모든 사람이 '깨끗하고, 바르고, 아름다운 것'만 이야기하면 재미가 없어질 것이다. 대화는 때때로 건방진 발언과 엉뚱하고 쓸데없는 말이 더해져 빛이 나는 것이다.

　이 책에서 소개한 '질문방법'과 '대답방법' 중에서 마음에 드는 것을 우선 사생활이나 업무 중에 써보기 바란다. 이 책에서 소개한 전략은 그런 연습과 반복에 의해 자신의 것이 될 수 있다.
　머릿속으로는 알고 있어도 전혀 연습하지 않으면 순간적으로 여러 전법들이 떠오르지를 않는다. 연습은 절대로 필요하므로 기회가 있을 때마다 몇 번이고 '이야기 레슨'에 충실해 주어야 한다.

당신이 능수능란한 언변으로 주변의 사람들을 상대로 당당하게 맞설 수 있기를 진심으로 기원한다.

아무리 적극적으로 연습해도(그리고 이전보다 '뻔뻔해지고 유머가 뛰어나도') 때로는 기분이 좋지 않거나 수면이 부족한 경우도 있다. 왠지 그런 날이면 유독 평소부터 '불쾌한 녀석'이라고 생각했던 사람과 마주치는 경우가 많다. 그 녀석은 쓸데없는 농담을 하거나 당신의 얼굴을 훑어보곤 한다.

그런 사람은 상대하지 않는 것이 좋다. 그저 '그 농담 내일 아침에나 웃을 수 있겠군.'이라고 대답하고 가볍게 흘려버린다.

일일이 대답할 필요가 없다. 무리할 필요가 없다. 마음속으로 '어쩔 수 없는 친구로군.' 하고 지나쳐 버린다. 본인만 피곤해지기 때문이다.

Memo

Memo

나를
당당하고 품위있게
표현하기

1판 1쇄 발행 / 2019년 9월 10일

저　자 / 마티아스 펨
옮긴이 / 박진배
펴낸이 / 김규현
펴낸곳 / 경성라인
주　소 / 경기도 고양시 일산동구 백석동 1456-5
전　화 / 031) 907-9702
팩　스 / 031) 907-9703
E-mail / kyungsungline@hanmail.net
등　록 / 1994년 1월 15일(제311-1994-000002호)

ISBN / 978-89-5564-177-6 (03320)

* 책값은 뒤표지에 있습니다.
* 잘못 만들어진 책은 구입하신 곳에서 바꾸어 드립니다.
* 경성라인은 밀라그로의 자회사입니다.
* 이 책은 '단 한방에 기선을 제압하는 대화기술'의 개정판입니다.